Für meinen Sohn, ohne den
es dieses Buch nicht gäbe.

Bibliografische Information der Deutschen Nationalbibliothek:
Die Deutsche Nationalbibliothek verzeichnet diese Publikation in der Deutschen Nationalbibliografie; detaillierte bibliografische Daten sind im Internet über http://dnb.d-nb.de abrufbar.

1. Auflage — Februar 2020

Verlagsanschrift — Anton-Hochmuth-Straße 8, 5020 Salzburg, Österreich
Internet — www.editionriedenburg.at
E-Mail — verlag@editionriedenburg.at
Lektorat — Dr. Heike Wolter, Regensburg
Fotos — Portrait Shary Reeves: © Jochen Manz, jochenmanz.de
Portrait Sabine Priess: © Götz Gringmuth-Dallmer/xberg-foto.de,
Portrait Hélène Baum: © Hélène Baum
Illustrationen — © Hélène Baum
Satz und Layout — edition riedenburg
Herstellung — Books on Demand GmbH

ISBN 978-3-99082-049-0

Sabine Priess

Illustrationen Hélène Baum

Klar bin ich von hier!

Was ein schwarzer Junge in Deutschland erlebt

edition riedenburg

Inhalt

Anhang

Vorwort

Mein Name ist Shary Reeves. Geboren wurde ich als Shary Niatichi Nyasani in Köln. Für die vielen anderen hier bin ich farbig, schwarz, braun, bunt, dunkelhäutig – das Gegenteil von einem hautfarbenen Stift, maximal pigmentiert, afro-deutsch. Oder, falls die Fantasie mal gänzlich ausbleibt, schlicht eine Negerin.

Dabei schaue ich regelmäßig in den Spiegel – und alles, was ich da sehe, ist ein Mensch mit Haut und Haaren. Und doch bin ich als Moderatorin oder Schauspielerin niemals Serien-Mutter deutscher Kinder, moderiere keine Samstagabend-Sendung, nichts dergleichen. Warum? Weil ich für die runde Schublade am Ende doch zu eckig bin.

Mein Wunsch wird dahingehend immer der gleiche sein: Ich wünsche mir im Umgang mit uns schwarzen

Menschen mehr Gespür, mehr Berührung, mehr Gefühl, mehr Respekt und mehr Aufmerksamkeit. Ich möchte nicht in einem Deutschland leben, in dem Menschen wie ich ausgegrenzt werden. Kein Mensch, kein Kind will das. Aber als Kind habe ich immer gedacht, wenn ich einmal älter bin, hört das alles auf. Die Beleidigungen und das von außen bestimmte Anderssein.

Heute weiß man längst, die ältesten Funde des Homo sapiens stammen aus Afrika. Wenn wir es eines Tages schaffen könnten, uns darauf zu besinnen, dass wir alle von dort stammen, schaffen wir es vielleicht, ein wenig näher zusammenzurücken. Denn am Ende des Tages sind wir weder weiß noch rot, gelb, schwarz oder farbig: Am Ende sind wir alle nur Menschen, so wie uns die Natur geschaffen hat.

Shary Reeves

Januar 2020

Moderatorin, Schauspielerin und

Autorin des Buches „Ich bin nicht farbig"

Kapitel 1: Das ist Malik

Obwohl es Hochsommer ist, sitzt Malik an seinem Wunschzettel für Weihnachten. Er schwitzt und stellt sich vor, wie es dann zu Weihnachten sein wird. Wenn es klirrend kalt ist, draußen Schnee liegt und unter dem Baum bergeweise Geschenke auf ihn warten. Was er sich am meisten wünscht, hat er ganz oben hingeschrieben. Nach unten hin wird es immer unwichtiger. Deshalb steht auf Platz 9 seiner Liste auch nur: Neue Flügel für das Lego-Flugzeug. Als sein Freund Matti es kürzlich von Maliks Hochbett aus landen wollte, machte es - so eine Überraschung - eine Bruchlandung, zerschellte in tausend Teile und beide Tragflächen zerbrachen. Weil Malik es Matti vorher ausdrücklich erlaubt hatte, musste der auch keine neuen Flügel kaufen. Da Malik aber ohnehin nicht mehr oft damit spielt, war es nicht ganz so schlimm und ist daher kein wichtiger Wunsch.

Maliks sehnlichster Wunsch sieht ganz anders aus. Er würde lebendig sein, seidiges Fell haben, begeistert aus dem Geschenkkarton hüpfen und sich auf Maliks Arm kuscheln. Malik, der keine Geschwister hat, wünscht sich nämlich ein Haustier. Deshalb steht Folgendes auf dem Wunschzettel:

1. Hund
2. Katze
3. Hamster oder Kaninchen
4. Schildkröte
5. Wenigstens Fische?
6. Ferngesteuerter Hubschrauber
7. Reise nach Kenia
8. Weiß nicht
9. Tragflächen für mein Lego-Flugzeug

Weil es bis Weihnachten noch so lange hin ist, kann Malik jetzt erst einmal nur von seinen Geschenken träumen. Die gibt's leider nicht einfach so. Oder doch. Aber nur selten. Nämlich dann, wenn Oma ihm ein Päckchen schickt. Das macht sie manchmal. Drin sind dann neben einem Brief für ihn meistens noch Süßigkeiten und manchmal auch Sammelkarten. Vielleicht sollte er einfach mal nachschauen, ob heute ein Tag mit Post von Oma ist. Schnell springt Malik in den Hausflur und dann im Treppenhaus nach unten.

„MLK" steht in großen, schwarzen Buchstaben auf dem heute leider gähnend leeren weißen Briefkasten. „Hier wohnen Sarah, Tim und MLK Mertens". Das MLK hat Malik sich so gewünscht. Mama und Papa finden das ein wenig albern. Aber da Malik ohnehin selten Post bekommt und in ihrem Haus sonst niemand Mertens heißt, durfte er es schließlich doch so hinschreiben. Malik gefällt es gut. Irgendwie lesen kann man seinen

Namen nämlich doch. Er klingt aber wie ein Geheimwort. Nur wer ihn kennt, weiß dann hundertprozentig, wer gemeint ist.

Der Briefträger jedenfalls hat darüber gelacht. Der ist sowieso ziemlich nett. Er heißt Marco und kommt immer so gegen Nachmittag - genau dann, wenn Malik aus der Schule nach Hause kommt. Marco hat einen riesigen Schlüsselbund an seinem Gürtel hängen, der bei jedem Schritt laut klirrt und klingelt. Da sind bestimmt 100 Schlüssel dran. Für alle Häuser der Schützestraße hat Marco einen, sagt er. Denn er muss ja die Briefe auch dann zum Briefkasten im Hausflur bringen können, wenn keiner der Bewohner zuhause ist.

Obwohl in so einem großen Haus wie in dem, in dem Malik wohnt, eigentlich meistens einer da ist. Im Hinterhaus die Mama von Lara und Ada zum Beispiel. Sie arbeitet von zuhause aus. Als Mama und Malik neulich versehentlich ohne Wohnungsschlüssel einkaufen gegangen sind und Papa in der Zwischenzeit zum Sport gefahren war und sie somit aus ihrer

Wohnung ausgesperrt waren, hat Laras Mama ihnen unten die Haustür geöffnet. Sie hat sie auch eingeladen, in ihrer Wohnung auf Papa zu warten, aber das wollte Malik nicht. „Auf keinen Fall machen wir das“, hat er Mama zugeflüstert.

Denn da sie schon während des Einkaufens gemerkt hatten, dass sie den Schlüsselbund nicht dabeihaben, haben sie alles für ein Treppenhaus-Picknick besorgt. Neben den normalen Sachen wie Waschpulver, Milch und Olivenöl - die sie sowieso einkaufen wollten - hat Mama Sushi spendiert, Kekse und Kirschen zum Nachtisch und eine Apfelsaftschorle aus der Flasche. Erst fand Malik es richtig blöd, dass sie nicht in die Wohnung konnten, obwohl sie ja reinwollten. Aber dann war es doch ein witziges Abenteuer.

Auf ihrem Treppenabsatz im dritten Stock haben sie es sich auf dem kratzigen Sisalteppich, mit dem das ganze Treppenhaus ausgelegt ist, bequem gemacht. Damit der Teppich Malik nicht so an den nackten Beinen kratzt, hat ihm Mama ihre Strickjacke auf dem Boden ausgebreitet. Als Malik später etwas ängstlich schaute, sagte Mama, was sie immer sagt, wenn etwas anders läuft als geplant: „Im Leben geht andauernd was schief, Malik. Wir müssen nur das Beste draus machen. Und darin sind wir ziemlich gut."

Dann haben sie mit Karacho die hölzernen Sushi-Stäbchen auseinandergebrochen, kurz damit gefochten und sich hungrig über das Essen hergemacht. Die Sojasoße mussten sie drübertröpfeln. Malik mag nur eine Sorte Sushi. Mama sagt, das macht nichts, besser eine Sorte, als gar kein Sushi. Zwei Portionen Avocado-Rollen hat sie ihm gegönnt und sich selbst hat sie außerdem welche mit Lachs und Gurke gekauft. Da saßen sie also auf dem Treppenabsatz, gaben sich die Apfelschorle hin und her, und versuchten immer wieder, Papa auf seinem Telefon zu erreichen. Irgendwann, als sie das ganze Sushi und die Kekse aufgegessen hatten und auch nicht mehr viele Kirschen da waren, wurde es Malik dann doch ein bisschen komisch. Außerdem musste er mal. Ausnahmsweise durfte er da im Hof zwischen Vorder- und Hinterhaus hinter die große Hecke machen. Als er klein war, hat er das öfter gemacht. Inzwischen ist er zu groß, um einfach irgendwohin zu pinkeln. Aber „im Ausnahmefall", sagt Mama an diesem Abend, sei das natürlich was anderes. Zu Lara zu gehen wäre ihm viel zu peinlich gewesen. Sie ist ein Jahr älter als Malik, hat lange lockige Haare und sagt nur manchmal „Hallo" - schaut aber meist in die andere Richtung dabei. Malik murmelt dann ebenfalls sowas ähnliches wie einen Gruß. Manchmal fragt er sich, ob Lara seinen Namen überhaupt noch weiß. Müsste sie aber eigentlich. Denn als sie kleiner waren, haben sie öfter mal miteinander gespielt. Sogar gemeinsam im Planschbecken gehockt. Davon gibt's sogar noch peinliche Fotos in Maliks Album.

Aber jetzt, im Treppenhaus, ist ihm das eigentlich alles ganz egal. Peinlich hin oder her: Malik will, dass sich

Papa meldet. Denn er wird langsam müde und er merkt, wie abgekämpft er von seinem langen Tag ist. Er lehnt sich an die Wand, während Mama erneut auf ihrem Telefon herumtippt.
„Was machen wir denn, wenn Papa die Nachrichten gar nicht liest?“, fragt er mit etwas dünner Stimme. Ihre Anrufe hat er ja schließlich auch nicht gehört.
Mama lächelt ihr beruhigendes Lächeln, klopft auf ihren Schoß und sagt: „Dann kuschelst du dich hier ein und schlummerst schon mal.“
„Wie spät ist es“, fragt Malik.
„Kurz vor acht“, sagt Mama. „Spätestens gegen zehn wollte Papa sowieso zuhause sein.“

So lange noch! Da Mamas Telefon nicht nur in, sondern auch vor der Wohnung ins Internet kommt, darf er unverhofft - obwohl gar nicht sein Fernsehtag ist - eine Wissens-Sendung auf dem Handy schauen. Ihm fallen allerdings schon fast die Augen zu. Mitten in der Folge, gerade wird ausführlich gezeigt und erklärt, wie aus Kartoffeln Kartoffelchips gemacht werden, klingelt das Telefon. Malik erschrickt und lässt es fast fallen. Papa ist dran! Na endlich. Papa lacht, als er hört, was passiert ist und wie sie sich die Zeit vertreiben.

Maliks Papa, der mal in der kenianischen Nationalmannschaft geschwommen ist, war schon im Schwimmbecken, als sie anfingen ihn anzurufen. Geklingelt hat sein Handy also die ganzen vielen Male nur einsam im Spind, während er seine Bahnen zog. Papa sagt, er käme dann jetzt gleich nach Hause, statt sich noch mit seinen Freunden zusammenzusetzen. „Wir bitten darum", sagt Mama förmlich und zwinkert Malik zu. Als sie aufgelegt hat, kuschelt er sich wieder auf ihrem Schoß ein - das macht er eigentlich nicht mehr so oft - und schaut weiter. Am Ende aber fallen ihm ärgerlicherweise doch tatsächlich die Augen zu. Obwohl er sich vorgenommen hat, gemeinsam mit Mama auf Papa zu warten.

Als Malik die Augen das nächste Mal wieder öffnet, nur ganz kurz, ist er auf Papas Arm. Papa trägt ihn in sein Hochbett. Ein bisschen stöhnt und ächzt er dabei.

Malik ist nämlich inzwischen sogar für einen großen und starken Mann wie Papa ganz schön schwer. Oben im Bett kuschelt er sich wohlig in seine Decke und in sein altes Kissen mit dem Feuerwehrbezug und schläft weiter.

Kapitel 2: Maliks Schule und der Schulweg

Weil die Zahnarztpraxis, in der er arbeitet, mittwochnachmittags geschlossen ist, holt Papa Malik an diesem Tag immer von der Schule ab. Das ist lustig und Malik freut sich schon vorher darauf.
„Wann ist endlich wieder Mittwoch?", fragt er fast jeden Tag morgens beim Frühstück. Mama rollt gespielt die Augen und Papa strahlt - ungespielt. Weil er sich nämlich auch auf die Mittwoche freut. Sie fahren dann richtig schnell Fahrrad, Papa lässt Malik ein Stück auf der Straße fahren statt nur auf dem Gehweg, und im Park darf er sogar freihändig radeln.

Außerdem fragt Papa nicht so viel wie Mama. Er sagt, wenn sie die Treppe in der Schule runtergehen oder im Schulhof, eher wissend: „War alles gut in der Schule heute." Mit Punkt dahinter. Dann fahren sie nebeneinander her mit ihren Rädern. Mit mindestens 20 Stundenkilometern, das verrät der kleine digitale Tacho an Maliks Lenker, sausen sie den Radweg an der großen Allee entlang. Sie sind schneller als alle anderen. Zumindest kommt es Malik so vor. Papa mit seinem großen roten Rennrad und Malik mit seinem auch schon ziemlich großen hellblauen Mountainbike.

Manchmal sagt Malik einfach gar nichts. Die ganze Fahrt über. Bei Papa geht das, denn der redet selbst nicht so viel. Aber meistens kann Malik kaum aufhören zu quatschen. Wie Linus im Schulhof den entscheidenden Ball nur gegen den Pfosten geschossen hat und minutenlang heulte. Dass Pepe einen Wutanfall bekam, weil er eine Gleichung immer wieder falsch ausgerechnet hat. Oder wie albern er es findet, dass Nala sich beim Fangen schon wieder in der Mädchentoilette versteckt hat, um nicht dran zu sein. Aber auch, wie schön es war, mit den anderen Kettcar zu fahren und wie sie abwechselnd Kleinere mit hintendrauf genommen haben.

Während sie so gleichmäßig Radfahren, fällt Malik wieder ein, worüber er sich so richtig geärgert hat. „Und dann hat Linus gesagt, meine krausen Haare wären blöd. Nur solche glatten, wie er und Pepe sie haben, wären wirklich cool".
Papa schweigt erst mal auch dazu und tritt weiter in die Pedale. Vielleicht versucht er sich zu erinnern, wie die Haare von Linus und Pepe aussehen.

Nach einer Weile fragt Papa:
„Und, wie findest du selbst deine Haare?“
Malik überlegt kurz, grinst frech und sagt dann:
„Am allerbesten. Weil ich sie nämlich nicht jeden Tag kämmen muss, sondern nur drehen ab und zu. Afrikanische Haare sind der Hammer.“
Sie biegen auf die kleinere Straße ab. Papa, der dieselben Haare wie Malik hat, nickt wissend. Er grinst auch und sie fahren langsam an den Fußgängern auf dem Gehweg vorbei. Dann gibt Malik wieder Gummi und biegt locker 50 Meter vor Papa um die Ecke und in die Einfahrt ihres Hauses.

Mit Mama wäre dieselbe Fahrt ganz anders gelaufen. Sie will nämlich immer alles ganz genau wissen. Mit sehr großen Fragezeichen hinter ihren Sätzen.
„Wie war es heute in der Schule, mein Großer?“, fragt sie meist als Erstes. Dabei müsste sie doch ganz genau wissen, wie es in einer Schule ist, weil sie nämlich Lehrerin ist. Auf Maliks schnell hingemurmeltes „Gut“ runzelt sie die Stirn und fragt, wie es „echt jetzt“ war. Nicht antworten kommt nicht in Frage.

Dann bohrt Mama so lange nach, bis Malik irgendwas erzählt. Meist fragt sie so hartnäckig, dass er auch das mit den Haaren vermutlich gleich erzählt hätte. Malik weiß genau, was dann passiert wäre: Mama hätte ihr entrüstetes Gesicht gemacht. Mit kleinen Augen und schmalen Lippen. Vielleicht hätte sie ihn sogar wieder gebeten, kurz stehen zu bleiben und alles ganz genau zu erzählen, „haarklein bitte".

Alles erzählt Malik seiner Mama sowieso selten. Denn wenn er Pech hat, stiefelt Mama sofort los. Stellt Mitschüler oder deren Eltern zur Rede oder informiert am Ende gleich die Schulleiterin. Obwohl alles meistens ziemlich harmlos war und Malik es einfach nur erzählen wollte. Ohne dass was passiert. Mama sagt, viele Dinge kämen Kindern nur harmlos vor. Es käme immer darauf an, wer was sage und wie. Und er könne das nicht immer richtig einschätzen. Obwohl Malik sich da bei ihr auch nicht immer ganz sicher ist. Denn komischerweise regt sich Mama nämlich nicht so auf, wenn Linus ganz fiese Schimpfworte zu Malik sagt und er ihr das dann absolut haarklein erzählt. Wie der Streit anfing, und was er gesagt hat und dann Linus und dann wieder er. Entrüstet sieht sie dann eigentlich nicht aus und sie stürmt auch nicht los. Dabei weiß er genau, dass Mama solche Worte ganz und gar nicht harmlos findet. Einmal hat er sowas nämlich zu ihr gesagt, als sie sich gestritten haben. Da war sie ziemlich sauer.

Glücklicherweise ist Mama nie lange böse auf Malik. Da kann man sich drauf verlassen. Sie faucht beim Streiten und fast könnte man denken, gleich kommt Dampf aus ihren Ohren. Und sie will sie dann immer alles geklärt haben und sich aussprechen. Wenn Malik sie danach eine Viertelstunde in Ruhe lässt, kann man sich gut wieder mit ihr vertragen. Manchmal zwar erst nach einer Entschuldigung oder weiteren ernsten Worten, aber schnell geht es trotzdem. Bei Linus hingegen hält die Wut immer genau eine Nacht an. Manchmal, wenn sie sich in der Schule streiten, sagt Malik schon:
„Morgen hast du das sowieso wieder vergessen."
Das macht Linus dann noch wütender. Sein Kopf wird ganz rot und schwitzig und er schreit:

„Das kannst du vergessen, ich red' nie mehr mit dir. Und du bist auch nicht mehr mein Freund."
Aber jedes Mal ist es ganz genau so, wie Malik es vorhergesagt hat.
„Der Linus wird vielleicht nachts neu gebootet", sagt Papa dazu und erklärt, dass man das ja mit dem Computer auch so macht. Den schaltet man am Abend aus, und am nächsten Morgen beim Anmachen ist er ausgeruht und wie neu.
Malik findet es gut, dass weder Mama noch Linus lange böse auf ihn sind nach einem Streit. Wenn er selbst richtig wütend ist, fällt es ihm nämlich schwer, sich so bald wieder mit den anderen zu vertragen.

Manchmal will Malik Mama was erzählen, ohne dass Mama wütend wird auf den, um den es geht. Dann hört Mama nämlich gar nicht mehr richtig zu. Deshalb sagt Malik in solchen Fällen neuerdings:
„Ich will dir jetzt was sagen und du sollst es dir nur anhören – und nichts machen danach. Versprochen?"
Dann guckt sie ganz betroffen, weil ihr vielleicht gar nicht ganz klar ist, wie stürmisch sie ist, und sagt:

„Natürlich." So geht es. Sie reden dann. Manchmal sogar richtig lange. Und überlegen gemeinsam, ob oder was zu tun ist und wie sich was für Malik anfühlt.

So wie damals in der ersten Klasse, als Noah aus der Parallelklasse gesagt hat, Malik dürfe beim Fangen nicht mitspielen, weil er braune Haut hat. Er sei ein „Schokomuffin", die dürften nicht mitmachen. Das galt also nur für Malik. Alle anderen waren ja weiß und durften daher dabeisein. Da war Malik ziemlich traurig und hatte sich auf der Toilette eingeschlossen. Mama war gar nicht wütend, als sie ihn dort fand, sondern lieb. Sie hat dann auch freundlich mit Noahs Mutter telefoniert.

In der Schule haben am nächsten Tag alle darüber gesprochen, dass man niemanden wegen seines Aussehens nicht mitspielen lassen sollte. Maliks Lehrerin hatte den anderen außerdem erklärt, dass „Schokomuffin" zwar kein Schimpfwort sei, aber trotzdem eine Beleidigung für jemanden mit schwarzer Haut. Das war ein bisschen peinlich. Malik erinnert sich, dass Mama auch mal mit Oma geschimpft hatte, als sie sagte, er, Malik, sei ihr „Lieblings-Schokokuss“.

In der Schule damals war Malik enttäuscht, als der Lehrer gesagt hat, Pepe könne ja stattdessen sagen, Malik dürfe nicht mitspielen, weil er die anderen immer so grob festhalten würde. Macht er nämlich gar nicht. Oder nur ganz selten. Und überhaupt, die anderen machen das auch. Dafür, dass Pepes Star Wars T-Shirt kaputtgegangen war, konnte er auch nichts. Das war schon ganz alt und gehörte zuvor schon seinem großen Bruder. Hat er selbst gesagt. Ansonsten ist auf dem Schulhof meistens alles ok und Mama hat auch nicht immer was zu bequatschen.
Deshalb freut Malik sich auch, wenn sie ihn abholt. Oft halten sie noch irgendwo an, essen ein Eis oder holen sich ein Brötchen aus der Bäckerei. Dann erzählt Mama von ihrer Arbeit in der Schule mit den großen Kindern. Und Malik von den Toren, die er in der Pause geschossen oder verschossen hat. Nur freihändig fahren darf er bei Mama nicht einmal im Park. Das erlaubt nur Papa. Der fährt nämlich selbst gern so.

Kapitel 3: Kater Kosmo kommt

Die Sonne scheint, die Blätter an den Bäumen leuchten und es ist ein wirklich schöner Herbsttag. Doch Malik sieht davon noch nichts. Endlich kann er mal ausschlafen, weil nämlich Wochenende ist. Und das tut er auch genüsslich. Immer, wenn er nicht mehr so bequem liegt, dreht er sich einfach auf die andere Seite, zieht sich die Decke bis zu den Ohren und schlummert weiter. Richtig tief schläft er natürlich nicht mehr. Er hört durchaus, dass seine Eltern schon wach sind und in der Küche rumoren. Aber heute wird er ganz sicher nichts verpassen. Als Malik am Abend gefragt hat, ob sie am Wochenende etwas vorhätten, haben seine Eltern gesagt, sie wollten aus gutem Grund viel Zeit zuhause verbringen. Seltsame Antwort, fand Malik. Aber warum auch nicht. Ihm ist es recht. Er hatte schon länger vor, seine Eisenbahn mal wieder aufzubauen – und dafür braucht man echt richtig viel Zeit.

Irgendwann kommt Mama dann aber doch ins Zimmer und sagt, das Frühstück sei fertig. Als Malik barfuß

und noch im Schlafanzug zum Tisch schlurft, sind beide Eltern schon fertig angezogen. Das machen sie sonst nie, wenn sie nichts vorhaben.
„Wollt ihr doch irgendwo hin?“, fragt Malik und bohrt mit seinem Finger in einem Brötchen.
Mama nimmt beiläufig seine Hand und sagt mit geheimnisvoll Stimme: „Ja!“
„Heute ist sozusagen Weihnachten“, ergänzt Papa rätselhaft. Draußen ist es fast 20 Grad warm und Malik weiß genau, dass nicht Dezember ist.
„Ups, ich dachte gar nicht, dass ich sooo lange geschlafen habe“, versucht er sich an einem Witz. Malik hat keine Ahnung, was die Bemerkungen seiner Eltern sollen. Mama schaut ihn an und miaut mehrmals wie eine kleine Katze.

Da fällt Malik das Messer aus der Hand. Weihnachten! Sein Wunschzettel fällt ihm ein.
Er springt auf und schreit mit kippender Stimme: „Kriegen wir etwa eine Katze?!?“
Als Mama und Papa gleichzeitig grinsend nicken, fängt er an, wild herumzuhüpfen und zu tanzen.

„Aber es ist doch gar nicht wirklich Weihnachten, oder?“, fragt er dann, weil es ihm vorkommt wie ein viel zu schöner Traum. Nicht, dass er gleich aufwacht und wirklich nur geträumt hat.
Als Mama, sagt, „Nein, ist nicht Weihnachten“, geht Malik zu Papa, hält ihm seinen Arm hin und bittet ihn: „Kannst du mich mal zwicken, damit ich weiß, dass ich auch wirklich wach bin?!“
Papa lacht und kneift viel zu fest zu. Malik quietscht, während er mit dem trockenen Brötchen in der Hand in sein Zimmer rennt, um sich in aller Eile anzuziehen.

Dann kann es Malik gar nicht schnell genug gehen:
Er putzt sich die Zähne, als wäre er auf einer Rallye, schlüpft in Schuhe und Jacke und steht schon an der Tür, als Mama erst in aller Seelenruhe zum Elternschlafzimmer geht. Sie kommt mit ihrer Strickjacke überm Arm und einer Art Käfig in der Hand heraus.
Ein Katzenkorb!
Woher sie den denn haben, fragt Malik.
„Von Frau Schwarz von gegenüber geborgt“, meint Mama.

Im Auto ist Malik so aufgeregt, dass er gar nicht weiß, welche Frage er zuerst stellen soll. Wohin sie überhaupt fahren, warum er genau jetzt ein Kätzchen kriegt, und ob es da, wo sie hinfahren, nur ein – nämlich sein – Kätzchen gibt oder mehrere.
„Die Katze eines Kollegen von mir aus der Praxis hat sechs Junge bekommen. Eines wollen sie selbst behalten, unter den anderen fünf darfst du dir eins aussuchen", erklärt Papa.

Sie fahren ein kleines Stück aus der Stadt heraus und kommen bei einem Einfamilienhaus an. Malik erinnert sich, dass sie hier vor ein paar Jahren schon einmal zum Grillfest eingeladen waren. Er reißt die Autotür auf, kaum dass der Wagen zum Stehen gekommen ist, und rennt Richtung Haustür. Den Katzenkorb und seine Eltern hat er glatt vergessen.
Malik klingelt und kann sich, als die Tür von Papas Kollegen geöffnet wird, kaum mit „Guten Tag"-Sagen aufhalten. Eilig drückt er sich an dem Mann vorbei ins Haus und ruft atemlos:
„Wo sind sie denn?"

Da kommt die Frau des Kollegen aus einem Zimmer, legt ihren Finger auf den Mund und flüstert:
„Pssst, die Kleinen trinken gerade."
Vorsichtig nimmt sie Malik an der Hand und führt ihn in einen Raum mit einem großen Fenster zum Garten.
Sie stehen in einer Art Kinderzimmer für Katzen.
Überall liegt Katzenspielzeug und auf allen ebenen Flächen gibt es kuschelige Felle und Decken. In einer großen hölzernen Kiste, die einer Schatzkiste ähnelt, ruht eine graugetigerte Katzenmama. Wachsam blickt sie zur Tür und säugt dabei ihre Jungen.

Die Jungen sind gar nicht mehr so klein. Einige scheinen schon fertig zu sein und haben gemerkt, dass jemand in den Raum gekommen ist.
Malik geht in die Knie und sagt flüsternd:
„Da seid ihr ja."
Fast muss er weinen.
Endlich geht sein Wunsch in Erfüllung.
Es ist so ein gutes Gefühl.
Die Frau sagt, er solle es sich einfach erstmal im Raum bequem machen und den Katzen ein wenig zuschauen.
Die hat gut reden! Schließlich bekommt Malik nun eine Art Bruder oder Schwester und muss das richtige Geschwisterkind auswählen.

Als die Frau das Zimmer verlassen möchte, fragt Malik schnell:
„Welches Katzenkind wollen Sie behalten?"
Die Frau zeigt auf ein rot gestromtes Kätzchen und sagt:
„Das da. Es sieht aus wie die Katze, die ich als Kind hatte."
Sie geht hinaus und Malik ist mit den Katzen allein.

Jedes Katzenkind sieht anders aus: Neben dem rotgestromten Kätzchen gibt es ein schwarzweiß geflecktes. Außerdem eines, das weiß, rötlich und dunkel gefleckt ist, und zwei weitere, die fast genau gleich aussehen - bis auf den Schwanz. Der ist bei einem der Katzenkinder dunkel und beim anderen grau. Und dann ist da noch ein ganz schwarzes Kätzchen.
Mama und Papa kommen herein. Sie beugen sich zu Malik und Mama sagt lächelnd:
„Die sind ja super süß. Dass du auch ja das richtige Katzenbaby für uns aussuchst."
Sie gehen wieder hinaus und Malik hört sie im Wohnzimmer nebenan mit Kaffeetassen klappern.
Wie soll er bloß die wichtigste Entscheidung seines Lebens treffen?

Die Tür öffnet sich wieder und ein Mädchen schlüpft herein. Sie ist etwas älter als Malik. Malik erinnert sich, dass er bei der Grillparty damals Verstecken mit ihr im Garten gespielt hat. Jetzt ist sie mindestens zwölf. Sie sagt „Hi, du", setzt sich auf den Boden und fragt, ob sie ihm etwas über die Katzen erzählen soll.

Doch plötzlich weiß Malik ganz genau, dass das nicht nötig ist. Er spürt, welche der Katzen zu ihm gehört. Mit fester Stimme sagt er zu dem Mädchen:
„Nein danke, ich habe mich schon entschieden."
Und im selben Moment schenkt er dem kleinen schwarzen Kätzchen sein Herz. Einfach so.

Malik fängt einfach an, es lieb zu haben. Das Mädchen folgt seinem Blick und nickt, als wäre etwas ganz Logisches passiert.
Sie sagt: „Ich hole ihn dir." Doch das ist gar nicht nötig. Der kleine schwarze Kater kommt neugierig auf die beiden zugetapst. Erst denkt Malik, er ginge vielleicht zum Mädchen. Aber das Kätzchen kommt schnurstracks zu ihm und krabbelt auf seine Beine. So, als würden sie sich schon ewig kennen.
Vorsichtig nimmt Malik das warme Fellknäuel auf den Arm. Er drückt, auch wenn der Kleine ein klein wenig zappelt, kurz sein Gesicht in das seidige Fell. Es riecht nach Luft und ein bisschen nach Olivenöl. Dann sagt er mehr zu sich selbst als zu dem Mädchen:
„Das ist ja kosmisch."

Genau in diesem Moment kommen auch Maliks Eltern dazu. Sie sehen auf einen Blick, dass Malik seine Wahl getroffen hat.

Aufgeregt ruft das Mädchen:
„Das war gerade, als hätten sie sich beide einander ausgesucht. Voll magisch.“
„Nein, es war kosmisch. Und deshalb soll der Kater auch Kosmo heißen“, sagt Malik. Er ist ganz ausgefüllt mit einem warmen Schmetterlingsgefühl im Bauch.
„Und ich dachte, wir nennen die Katze Sushi“, meint Mama überrascht. Doch auch wenn Malik den Namen Sushi witzig findet, weiß er einfach, dass Kosmo genau für diesen – seinen! – Kater der richtige Name ist.

Auf der Rückfahrt sitzt Kosmo angeschnallt mit seinem Katzenkäfig neben Malik. Der kleine Kater ist ganz still im Auto und Malik sorgt sich, dass er große Angst hat. Deshalb erzählt er ihm ganz genau, wo er jetzt hinkommt und wie lieb sie ihn haben werden.
„Wird er seine Mutter und seine Geschwister sehr vermissen?“, fragt Malik seine Eltern besorgt.
„Ja, erstmal schon“, antwortet Mama. „Aber das geht vorbei. Er wird lernen, dass er jetzt dich und uns hat.“

Zu Hause angekommen stellen sie den Katzenkorb in Maliks Zimmer ab und öffnen die Klappe. Maliks Eltern ziehen sich ins Wohnzimmer zurück und Malik setzt sich ein kleines Stückchen entfernt auf den Teppich. Er spricht ganz leise und sanft mit dem Kater.
Bis er sich raustraut.
Schritt für Schritt betritt Kosmo seine neue Welt und erkundet das Zimmer. Malik könnte ewig zuschauen.
Das ist besser als jedes Fernsehprogramm!
Elegant und tollpatschig zugleich läuft Kosmo zwischen den Playmobil-Figuren, der Ritterburg, dem Hochbett und dem Kicker hin und her.

Irgendwann kommt er tatsächlich zu Malik, legt sich neben sein Bein, schnurrt ein wenig und schläft ein.
Malik wird selbst ganz schläfrig.
Deshalb kuschelt er sich einfach daneben und macht, was er normalerweise längst nicht mehr macht: einen Mittagsschlaf.
Und in seinem Traum kommt - wer hätte das gedacht - ein frecher schwarzer Kater vor.

Kapitel 4: Bitte nicht in die Haare fassen!

Einkaufen kann Malik nicht leiden. Überhaupt nicht. Davon kriegt er schlechte Laune. Mama behauptet, das sei schon immer so gewesen.

„Als du noch klein warst, habe ich dich im Wagen sitzend immer genau mittig durch die Gänge schieben müssen. „Du hast nach allem gegrabscht und es heruntergerissen. Dagegen klappt das heute schon ziemlich gut", grinst sie. Meistens läuft Malik nämlich mies gelaunt hinter Mama her und fragt pausenlos, wann sie endlich fertig ist. Nur manchmal trifft er einen Freund, der ebenfalls zum Einkaufen verdonnert wurde, und dann saust er mit dem schlitternd durch die Gänge. Sie pieksen mit ihren Fingern in die Plastikfolien, mit der größere Warenlieferungen bespannt sind, und rempeln auch mal jemanden an. Das wiederum macht Mama schlechte Laune.

Das Schrecklichste am Einkaufen ist für Malik, an der Kassenschlange anzustehen. Da haben auch die

Erwachsenen Langeweile. Manchmal kommen sie dann ins Gespräch und erzählen sich die langweiligsten Dinge. Über die Fortschritte der Baustelle draußen, das Wetter oder dass die Himbeeren derzeit leider alle matschig sind.

Mehrmals ist es da allerdings auch schon passiert, dass jemand Fremdes Malik in die Haare gefasst hat. Oder fassen wollte. Sicher auch aus Langeweile. Zum Glück weiß Mama, wie blöd Malik es findet, wenn ihn fremde Leute ungefragt berühren. Kürzlich hat sie einer älteren Dame, deren Hand schon auf dem Weg in Maliks Haar war, den Arm festgehalten und gesagt: „Lassen Sie mal, das mag er nicht."
„Nicht?", hat die Frau da ganz überrascht gefragt.
„Nein, gar nicht", erwiderte Mama bestimmt. „Er kennt sie doch gar nicht."
„Ach so", hat die ältere Frau da gemeint und entschuldigend gesagt: „Ich wollte nur mal fühlen, wie sich sein Haar so anfühlt."
Weil das mit seinen Haaren so oft passiert, hat sich Malik inzwischen eine Ausweichbewegung antrainiert.

Er duckt sich, wenn die fremde Hand kommt, ganz schnell gleichzeitig nach unten und zur Seite. Dabei ruft er ziemlich zackig: „Nicht in die Haare fassen!“ Wenn es schiefgeht und die fremde Hand dennoch auf seinem Kopf landet, schubst er sie weg. Das finden Maliks Eltern zwar nicht so gut, sie können es aber verstehen.
Fremde Erwachsene haben dafür selten Verständnis. „Ihr Kind kann doch nicht einfach nach mir schlagen“, hat kürzlich eine Frau aufgebracht gesagt.

Man könne einem fremden Kind auch nicht ungefragt in die Haare fassen, entgegnete Maliks Mama daraufhin. Doch die Frau schüttelte nur entsetzt den Kopf. Sie fasse Kindern gerne in die Haare, weil die so niedlich seien. Bisher hätte sich noch niemand darüber beschwert.
„Dann ist es heute eben das erste Mal", hatte Mama entschlossen geantwortet. Und noch „Irgendwann wuschele ich einfach mal zurück" gemurmelt.
Bei der Vorstellung musste Malik kichern. Er sah seine Mama vor sich, wie sie einer der Frauen in die kunstvoll geföhnte Frisur fasst und herzhaft darin rubbelt.

Sie sind mit den Einkäufen im Bus nach Hause unterwegs, als Malik von einem älteren Herrn gefragt wird, wo er denn herkommt.
„Aus dem Stadtteil Mitte", antwortet Malik. Und dann schiebt er schnell hinterher, dass er seine genaue Adresse fremden Erwachsenen nicht verraten darf. Der Mann lacht nachsichtig und sagt: „Du sprichst aber gut deutsch." Gleich danach fragt er, wo Malik denn „jetzt wirklich" herkomme.

„Wirklich?", fragt Malik irritiert zurück und sagt zögernd und mit fragender Stimme: „Vom Einkaufen?"
Jetzt wendet sich der Mann an Mama:
„Aus welchem Land kommt er denn nun?"
Mama, die offenbar schon wusste, wohin der Mann mit seiner Frage steuert, antwortet mit einem angedeuteten Lächeln:
„Er kommt von hier. Wie Sie vermutlich. Oder wo kommen Sie so ganz genau her?"
Der Mann beantwortet Mamas Frage nicht, sondern bleibt unbeirrbar und sagt:
„Irgendwo muss er doch seine dunkle Hautfarbe herhaben?"
„Ja, natürlich", sagt Mama, und „auf Wiedersehen."
Sie zieht Malik an der Hand weiter nach vorne.
Dort setzen sie sich hin. Der Mann schaut noch ein paar Mal zu ihnen und liest dann weiter in seiner Zeitung.
„Warum hast du ihm nicht gesagt, dass Papa aus Kenia kommt und ich deshalb braune Haut habe?", fragt Malik.
„Warum sollte ich?", fragt Mama zurück. „Das geht den Mann doch gar nichts an."

Mama erklärt, dass Malik nur dann über seine Herkunft Auskunft geben soll, wenn es sich für ihn gut anfühlt.

Unterwegs setzt Mama Malik bei seinem Freund Ben ab. Zur Begrüßung wuschelt ihm Bens Mutter durch die Haare. Malik hat gar nichts dagegen. Sie ist nämlich nett. Und genau wie Ben kennt sie ihn schon seit dem Kindergarten.
Sie spielen bei Ben im Hinterhof und es kommen noch einige Kinder dazu. Die meisten hat Malik schon öfter gesehen, weil er ja häufig hier zu Besuch ist.
Einer der Jungs ist neu.
Ben sagt, er wohne erst seit Kurzem hier.
Als sie gemeinsam auf dem Trampolin springen, fragt der neue Junge Malik, woher er denn kommt.
„Aus der Schützestraße", sagt Malik diesmal. Der Junge ist zwar auch fremd, aber er kann ja ruhig wissen, wo Malik genau wohnt.
Auch der Junge fragt nochmal nach:
„Nein, woher wirklich?"
Malik zuckt genervt die Achseln, hüpft weiter und gibt ihm einfach keine Antwort.

Auf dem Nachhauseweg trifft Malik den Pizza-Boten, der manchmal abends bei ihnen klingelt und die absolut leckerste Pizza der Stadt bringt. Er ist auch schwarz. Sie erkennen sich sofort, lächeln sich kurz an und gehen ein kurzes Stück des Weges gemeinsam. Der Mann trägt drei Pizza-Kartons auf dem Arm und läuft mit schnellen Schritten.

„Woher kommst du eigentlich?", wird Malik von ihm zum dritten Mal an diesem Tag gefragt. Doch zum ersten Mal fühlt es sich ok an.

„Von hier", sagt Malik. Diesmal weiß er automatisch, dass die Schützestraße nicht die richtige Antwort ist. Denn das weiß der Pizzamann ja schließlich sowieso.

„Ich bin hier geboren. Mein Vater ist aus Kenia", fügt er hinzu. „Ich war leider erst einmal da, da war ich fünf", sagt Malik. „Und woher kommen Sie?", fragt er zurück.

Der Mann sagt, dass er aus Mali stamme, das sei ein Land in Westafrika. Er sei aber schon lange weg.

Malik nickt und sagt endlich einmal, was er schon immer mal sagen wollte:

„Sie sprechen aber gut Deutsch."

Beide schauen sich an und prusten los vor Lachen.

Beim Abendessen lacht Malik mit seinen Eltern nochmal über die Situation. Gleichzeitig ärgert er sich darüber, dass er tatsächlich öfter für sein „gutes Deutsch" gelobt wird.
„Bei Matti", sagt Malik, „wäre das was ganz anderes. Den sollte mal einer loben."
Matti, der deutsche Eltern hat und strohblond ist, ist in Schweden geboren und hat die ersten Jahre dort mit seinen Eltern gelebt. Noch immer vertauscht Matti manche Worte. Außerdem geht er zum Logopäden, weil er vieles nicht richtig aussprechen kann.
Einmal war Matti dabei, als Malik für sein Deutsch gelobt wurde. Da hat er sich hinterher sogar beschwert. Für ihn sei es nämlich viel schwerer, gutes Deutsch zu sprechen, weil er manchmal immer noch auf Schwedisch träume und denke.

Beim Stichwort Schweden fällt Malik Pippi Langstrumpf ein. Am Abend wünscht er sich von Mama, nach langer Zeit wieder einmal aus dem berühmten Kinderbuch vorgelesen zu bekommen. Im Bücherregal zieht er nicht das Buch hervor, das Oma ihm vor drei Jahren geschenkt hat, sondern das alte von Mama. Das Buch ist schon etwas zerfasert, riecht muffig und die Buchseiten sind gelblichbraun gefärbt. Aber Malik mag die Vorstellung, dass Mama darin gelesen hat, als sie ungefähr so alt war wie er jetzt. Obwohl er für die Pippi-Geschichten schon etwas zu groß ist und außerdem längst selbst lesen kann, mag er sie gern. Als sie diesmal zu der Stelle kommen, an der Pippi sagt. „Meine Mama ist ein Engel und mein Papa ist ein Negerkönig", wird Malik zum ersten Mal klar, was da wirklich steht.

Empört schaut er zu Mama auf und sagt:

„Das ist doch eine ganz schlimme Beleidigung!"

Mama streicht ihm über seinen Kopf und erklärt, dass es zu der Zeit, als das Buch geschrieben wurde, noch nicht als beleidigend galt, dieses Wort zu sagen.

„Aber das macht es doch jetzt nicht besser!", sagt Malik und zupft nervös an der Bettdecke. Mama versucht zu erklären, dass das Wort in dem Buch zeigen soll, dass der Vater von Pippi im Gegensatz zu der Mutter noch lebe, aber ein ganz exotisches Leben führe und deshalb nicht da sein könne.

„Das ist mir ganz schnurzpiepegal", sagt Malik. Das Wort mache ihm ein schlechtes Gefühl. Traurig fragt er, ob sie vielleicht doch ein anderes Buch lesen könnten. „Aber bitte nicht Robinson Crusoe", sagt er noch. Das ist nämlich noch so ein altes Buch von Mama und irgendwann ist Malik klargeworden, dass „Freitag", der Helfer von Robinson, schwarze Haut hat und eine ziemlich blöde Rolle spielt.

Glücklicherweise hat Malik noch jede Menge andere Bücher - eigene aus der Jetzt-Zeit - und sie lesen eines über eine freche Jungsbande, die anderen witzige Streiche spielt.

Kapitel 5: Ausflug aufs Land

In der Stadt sieht Malik ziemlich oft Leute, die von irgendwo anders herkommen. Er hört es an ihrem Akzent und erkennt es an ihrem Aussehen. Manche sind kräftig braun wie er, schwarz wie Papa oder nur leicht dunkel wie Amir, ihr Nachbar, der aus Ägypten stammt. „Schwarze Menschen", sagt Papa, sei für sie alle - und somit auch für ihn selbst - der richtige Begriff. Obwohl Malik auch natürlich auch „braun" sagen könne, wenn ihm das lieber sei.

Oft sieht Malik auch Leute aus dem Nahen Osten.

Viele dieser Menschen, das weiß er aus den Kindernachrichten, sind Geflüchtete.

So richtig ist ihm aber nicht klar, was das bedeutet.

Nach den Kindernachrichten kürzlich, als er viele Eltern und Kinder auf einem Boot gesehen hat, die gerettet wurden, hat er Mama gefragt, ob er selbst auch ein Geflüchteter sei. Oder Papa. Darauf hatte Mama komischerweise gar nicht gleich eine Antwort. Vielmehr nur eine halbe. Er selbst sei ja hier geboren und deshalb kein Migrant. „Migrant" hat sie gesagt und Malik musste erst einmal wissen, was das heißt. Mama sagte, dass das ein Mensch sei, der in einem anderen Land wohnt, als er geboren ist. Das könne auch ein Geflüchteter sein. Dann erklärte Mama ihre halbe Antwort weiter: Papa sei ja vor 18 Jahren für sein Studium hierhergekommen. Er habe Deutschland gewählt, weil für ihn hier die Bedingungen besser waren und Ärzte, die in Deutschland Medizin studiert haben, weltweit besonders gut angesehen seien, erzählt sie. Außerdem habe er ein Stipendium, also Geld bekommen, weil er so gute Noten gehabt habe.

In Afrika habe Papa vorher sehr wenig Geld gehabt. Und er hätte im Gegenteil für ein Studium sogar noch welches – dass er nicht gehabt hätte – bezahlen

müssen. Also wäre die Antwort bei Papa in Sachen Geflüchteter irgendwie vielleicht für manche Menschen auch ja. Er sei aus Kenia ja weggegangen, weil es woanders – nämlich hier in Deutschland – für ihn besser und leichter gewesen sei.
„Es gibt Leute, die Papa vielleicht einen Wirtschaftsflüchtling nennen würden“, sagt Mama.
Mit hochgezogenen Augenbrauen sagt sie, dass diese Leute das aber nur zu Menschen mit dunkler Haut sagen würden, die hierherkommen. Pepes Papa, der ja aus Argentinien zum Studium hergekommen sei, höre das eher nicht.

Malik ist überrascht. Sein Papa ist oder war vielleicht eine Art Geflüchteter?
Als er in der ersten Klasse war, haben sie nämlich für die geflüchteten Menschen, die in ihre Stadt gekommen waren, Spenden gesammelt. Er fragt Mama, ob Papa denn auch ein Paket mit warmer Kleidung und Schokolade abbekommen habe. Da muss Mama ein bisschen lachen. Papa, der als Zahnarzt wirklich wenig freie Zeit hat, hat nämlich sogar am späten Abend mit

Päckchen gepackt, erinnert sie Malik, der auch packen helfen durfte.
„Da hätte er sich seins ja gleich mitnehmen können", sagt Malik und merkt selbst, dass das ein wenig seltsam gewesen wäre.
Mama sieht, dass Malik verwirrt ist und erklärt, dass viele Menschen - auch viele Deutsche nach dem letzten großen Krieg - irgendwann einmal Geflüchtete waren oder es werden könnten.
Das macht Malik Angst. Er fragt, ob denn ein Krieg auch hierher zu ihnen kommen könne.
Mama sagt „Nein" und fügt nach einer kleinen Pause „Das ist sehr unwahrscheinlich" hinzu.

Trotzdem nimmt Malik sich vor, seinen alten Kindergarten-Rucksack mit einigen wichtigen Sachen zu packen. Denn Jasina, ein Mädchen aus Maliks Klasse, das mit seinen Eltern aus Syrien geflüchtet ist, hat kürzlich mit ganz gepresster Stimme erzählt, dass sie so plötzlich wegmussten aus ihrer Wohnung damals, dass sie fast nichts mitnehmen konnten. Und ihr Kuscheltier, das sie sich noch schnell geschnappt hatte, hat sie dann unglücklicherweise unterwegs irgendwo verloren. Emma aus Maliks Klasse hat Jasina dann am nächsten Tag eines ihrer Kuscheltiere mitgebracht und geschenkt, das fand Malik ziemlich nett.

Damit ihm sowas nicht passieren kann, will Malik mit dem gepackten Rucksack vorsorgen, falls sie mal kurzfristig wegmüssen. Er muss sich nur noch überlegen, was er reintut. Sachen, die er ständig braucht, wohl eher nicht. Aber was Wichtiges muss es ja trotzdem sein. Vielleicht sein Fotoalbum, den Stoffhasen aus seiner Babyzeit, sein Witzebuch, ein paar Spielzeugautos und, um nicht hungrig zu sein, drei oder vier Fruchtriegel. Außerdem den kratzigen Schal, den Oma selbst gestrickt hat und die passende Mütze dazu.
Den Katzenkorb würde Malik gleich neben den Notfall-Rucksack stellen. Denn ohne Kosmo will er keinesfalls irgendwohin gehen.

Am nächsten Morgen in der Schule erzählt Malik Jasina, was er vorhat mit dem Rucksack. Sie sieht traurig aus und sagt – inzwischen spricht sie längst richtig gut Deutsch –, dass sie wünschte, sie hätte auch einen solchen Rucksack gehabt. Gerade als er sie fragen will, was sie reingetan hätte, werden sie von ihrem Lehrer unterbrochen. Er erinnert sie, dass sie gleich losmüssen. Denn heute ist Schulausflug. Schnell schlüpfen sie in ihre Straßenschuhe und Jacken.

Sie fahren alle zusammen mit dem Zug in ein kleines Dorf in der Nähe ihrer Stadt. Dann geht es weiter mit dem Pferdewagen zu einem Abenteuerspielplatz.
Malik freut sich schon seit Wochen darauf. Er weiß gar nicht, was am besten ist: Zugfahren – auch wenn es leider kein ICE ist –, Planwagenfahren und dann auch noch ein toller Spielplatz – wie super ist das denn?
In der Regionalbahn ist es leider ziemlich voll und daher auch ganz schön langweilig. Sie stehen in ein Fahrradabteil gequetscht und halten sich an Metallstangen fest. Ständig wollen Leute ihr Rad raus- oder reinschieben.

Erst, als sie die Stadt längst verlassen haben, leert sich der Waggon und sie finden Sitzplätze. Draußen ziehen Kastanienbäume am Fenster vorbei, Pferdekoppeln, auf denen Raureif liegt, große Felder und manchmal eine Ortschaft sind zu sehen. Malik mag es, weit blicken zu können. Er könnte sich auch vorstellen nicht in der Stadt, sondern in einem Dorf zu leben. Für Kosmo wäre das sicher auch schöner. Malik überlegt sich, dass er dann alle Bewohner kennen und schon von weitem winkend grüßen, wie er in den Fußballverein gehen und bei der Freiwilligen Feuerwehr mitmachen und wie Kosmo durch die Straßen und Felder streunen, sich mit den Dorfkatzen raufen und sich anschließend wieder vertragen würde. Ein ganz anderes Leben wäre das. Ein schönes. Aber seins ist auch nicht so schlecht, denkt er. Einen Erstliga-Basketball-Verein gäbe es vielleicht am Ende gar nicht und ob sich so leicht ein Sushi-Laden finden ließe, weiß er auch nicht.

Malik erschrickt, als sein Lehrer ihn an der Schulter berührt und sagt, dass sie an der nächsten Station aussteigen müssen. Er hatte einen richtigen Dorf-Tagtraum! Viele der anderen sind sogar eingeschlafen. Das muss daran liegen, dass der Zug so gleichmäßig ruckelt und die Heizung viel zu warm aufgedreht ist. Als der Zug anhält, zieht sich Malik schnell seine Mütze auf und stürmt als Erster heraus. Denn er hat den Planwagen mit den beiden großen braunen Pferden schon durch die Scheiben erspäht. Seinen Rucksack über nur eine Schulter gehängt, rennt er hin und streichelt den Tieren über die weiche Schnauze.

Der Kutscher, der gerade den Planwagen hinten öffnet, fragt Malik, ob er zu der Klasse gehört, die jetzt zum Spielplatz gefahren wird. Nachdem Malik „Ja" gesagt hat, schweigen sie beide einen Moment, während der Lehrer mit den anderen Schülern zu ihnen gelaufen kommt. Der Kutscher mustert Malik inzwischen mit neugierigem Blick und Malik, der jetzt den samtigen Hals eines der Pferde streichelt, schaut fragend zurück. Und gerade, als Maliks Lehrer zu ihnen stößt, sagt der Kutscher kumpelhaft zu Malik:
„Mensch, du warst aber echt lange in der Sonne, Junge."

Der Lehrer bleibt verdutzt stehen und schaut den Kutscher an. Malik fehlen die Worte – was soll er darauf auch sagen? Also schweigen sie alle drei. Nach ein paar Sekunden räuspert sich der Kutscher und sagt in die etwas unangenehme Stille:
„Willste vorn bei mir auf dem Kutschbock sitzen und lenken?“
„Nein danke“, wehrt Malik ab, dreht sich um und geht zu den anderen.
Hinter sich hört er, wie sein Lehrer dem Kutscher sagt, dass eine Bemerkung übers Sonnenbaden wohl eher nicht geeignet sei, um ein Gespräch mit jemandem anzufangen, der schwarze Haut habe.
Malik selbst hat den Kutscher gleich wieder so gut wie vergessen. Er sitzt mit seinen Freunden hinten im Planwagen und sie singen lauthals Lieder, die sie aus dem Internet kennen. Vor ihren Mündern formen sich kleine Dampfwolken, weil es ganz schön kalt ist.

Der Abenteuerspielplatz ist dann wirklich unglaublich cool: Es gibt Kletterwände und -bäume, eine superlange Seilbahn und jede Menge wackeliger

Hängebrücken. Überall liegen Äste und Laub herum und sie rennen und toben. Eine Weile lang spielen sie Waldbrand und Feuerwehr mit einer anderen Kindergruppe. Doch als einer der fremden Jungs zu Malik sagt, er solle den Verbrannten spielen, denn er sähe aus wie verkohlt, wird Malik unvermittelt so richtig sauer.

„Was hast du denn für ein Problem?", brüllt er den Jungen an.

Der lacht und findet sich witzig.

Malik ist schon kurz davor, ihn umzuschubsen, als Linus und Pepe kommen, sich vor ihn schieben und dem Jungen drohend sagen, er solle bloß ihren Freund in Ruhe lassen.

Dann knuffen sie Malik in die Seite und sagen lässig: „Nimm den nicht ernst. Komm, wir gehen rüber zur Seilbahn."

Gemeinsam schlendern sie hinüber und ziehen sich abwechselnd immer wieder hinauf bis zum Startpunkt. Manchmal hängen sie sich sogar zu dritt ans Seil und müssen so sehr lachen, dass sie kaum noch Luft bekommen.

Auf dem Heimweg ist Malik trotzdem nicht in der Stimmung für erneute Tagträume vom Dorfleben. Er ist jetzt irgendwie erleichtert, dass sie zurück in die Stadt fahren.

Sein Lehrer merkt, dass Malik nachdenklich ist. Er setzt sich zu ihm und fragt, wie ihm der Ausflug gefallen habe.

„So mittel", sagt Malik und zuckt mit den Achseln.

„Es haben heute mehrere Leute seltsame Bemerkungen über deine Hautfarbe gemacht, nicht wahr?", fragt der Lehrer.

Malik nickt und schaut weiter aus dem Fenster. Der Lehrer meint, dass sich Malik ziemlich gut verhalten habe. Er sei nämlich relativ ruhig geblieben und habe darauf gesetzt, dass er und seine Freunde ihm zur Seite stehen.

„Weißt du", sagt der Lehrer, „man sollte auf solche Bemerkungen unbedingt reagieren. Das ist ganz wichtig. Aber man muss es nicht immer selbst tun."

Malik, der immer noch fühlen kann, wie er den Jungen am liebsten umgehauen hätte, ist sich nicht ganz sicher, ob der Lehrer damit richtig liegt.

Abends, als Malik schon im Bett liegt, fragt er Papa. Der seufzt tief, hält ihn ganz fest und sagt: „Das kommt mir sehr bekannt vor."

Ganz unrecht hätte sein Lehrer sicher nicht, meint er. Und umhauen wäre ganz sicher nicht die beste Antwort, auch wenn es sich vielleicht zuerst richtig anfühle. Auf die Hilfe der Freunde zu setzen sei da schon besser. Aber es sei eben auch nicht immer jemand in der Nähe, wenn so etwas passiere. Und wie man sich am besten verhalte, komme dann auch immer auf die Situation an.

„Manchmal hilft es, den anderen einfach ernsthaft zu fragen, warum er das sagt", erklärt Papa.

Viele, sagt Papa, wüssten das nämlich selbst nicht so genau, und das sei ihnen dann ganz schön unangenehm. „Vielleicht sagen sie das zum Nächsten, der irgendwie anders aussieht, dann wenigstens nicht mehr."

„Das wäre ja auch schon mal was", murmelt Malik, der schon am Einschlafen ist, und vergräbt seine Hand tief in Kosmos kuscheligem Fell.

Kapitel 6: Was ist mutig?

Kurz vor den Weihnachtsferien lädt Pepe sie alle zum Übernachten ein: Linus, Emil aus der Parallelklasse, Ben und ihn, Malik. Zuerst hat sich Malik riesig gefreut. Denn in der Nähe von Pepes Wohnung ist ein prima Bolzplatz zum Fußballspielen. Doch am nächsten Morgen in der Schule sagt Pepe ihnen, was der Plan für diesen Abend ist: ein Filmabend. Mit Popcorn, Pommes zum Abendbrot und allem Drum und Dran.

Das klingt super. Trotzdem wird Malik ganz still.
„Filmabend, irre", krächzt Linus begeistert mit seiner von einer Erkältung heiseren Stimme. Emil und Ben fallen in den gemeinsamen Jubel ein.
Malik freut sich nur sehr vorsichtig mit.
Und das auch nur, bis Ben sagt:
„Traut sich Malik doch dann eh nicht."
Malik, der erst sagen will, dass das gar nicht stimmt, schluckt.
„Kommt ganz darauf an, was wir schauen wollen", sagt er dann ehrlich.

Malik weiß, dass vor allem Ben und Emil gern möglichst aufregende Filme sehen. Für ihn gilt das nicht. Er mag es gern lustig und möglichst wenig spannend. Pepe, der Bescheid weiß und außerdem unbedingt will, dass Malik auch dabei ist, sagt, sie würden einfach Filme schauen, die Malik schon kennt.
„Dann geht's doch?", fragt er hoffnungsvoll und mit sorgenvollem Gesicht zugleich.
Pepe macht sich nur ganz selten über andere lustig. Und über Malik, der, wie er selbst sagt, sein bester Freund ist, eigentlich nie.

Mit den anderen ist das ganz anders. In der ersten Pause geht es los. Als die Mädchen in den Hof gelaufen kommen, ruft Ben ganz laut:
„Malik will heute bei euch mitspielen, der ist nämlich auch ein Mädchen."
Emil macht einen Knicks und weist Malik mit den Händen die Richtung zu den Mädchen. Die kichern. Obwohl Malik eigentlich auch gern mit den Mädchen spielt, will er wütend auf Ben losgehen. Pepe stellt sich dazwischen. Er zieht Malik weg und redet auf ihn ein.

Dass er doch oft mutig sei und nur einzig und allein beim Filmeschauen eben nicht so sehr.

„Genau das schmieren mir die anderen aber immer wieder aufs Brot“, sagt Malik und ist dabei den Tränen nahe. Er weiß, dass er beim Thema Filmeschauen nicht der Mutigste ist. Wenn er selbst die Fernbedienung hat, überspringt er die spannendsten Stellen am liebsten. Sogar Mama und Papa ziehen ihn manchmal damit auf.

Traurig geht Malik nach der Pause wieder in den Klassenraum und lässt sich auf seinen Stuhl fallen. Sie haben Deutsch. Wenigstens mit Frau Selzer, die ist nett. Es geht darum, wie man einen Aufsatz, also eine Geschichte, schreibt. Dann nennt Frau Selzer das Thema des Aufsatzes, den sie schreiben sollen. Groß schreibt sie es mit weißer Kreide an die dunkelgrüne Tafel:

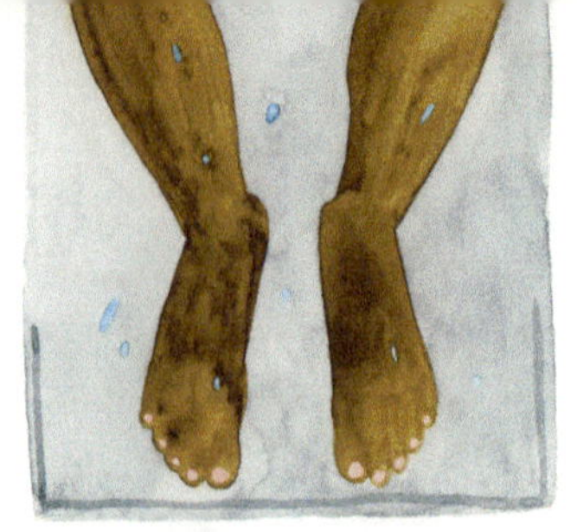

Oh nein, auch das noch, denkt Malik. Obwohl er gar nicht will, fängt er an, sich zu erinnern. An das Gefühl, oben auf dem Fünfmeterbrett vor dem Sprung ins plötzlich auf Briefmarkengröße geschrumpfte Schwimmbecken zu blicken.

An den Fahrradunfall, als er beim freihändigen Fahren einmal ein Schlagloch übersehen und eine schlimme Bruchlandung hingelegt hat. Und außerdem daran, wie furchtbar es gewesen ist, als er vierjährig einmal seine Eltern im Einkaufszentrum verloren hat.

Und dann fällt Malik ein, was ihm wirklich große Angst eingejagt und ihm großen Mut abgefordert hatte: Als sie zuletzt in Kenia waren, vor drei Jahren, hatten sie eine Autopanne mitten im Nationalpark. Aussteigen war dort strengstens und unter Lebensgefahr verboten. Dennoch hatte ihr Guide, ein Ranger namens Gabriel, aussteigen und unter die Motorhaube des kaputten Wagens sehen müssen. Und das, obwohl sie im Löwengebiet waren. Sie standen auch noch inmitten von mannshohem Gras, sodass sie herannahende Raubtiere nur schwer sehen würden. Da hatte sich Malik gemeinsam mit Mama aufs Dach des Geländewagens gestellt – Papa hatte Gabriel inzwischen das jeweils benötigte Werkzeug durch das Fenster hinausgereicht – und nach Löwen Ausschau gehalten. Das Gras hatte sich die ganze Zeit leicht im Wind bewegt und er und Mama hatten sich angestrengt, keine Himmelsrichtung beim Spähen auszulassen. Zum Glück war kein Löwe gekommen. Obwohl ein paar in der Nähe grasende Gnus und Zebras immer mal wieder erschreckt davonrannten.

Damals lobten ihn sowohl der kenianische Guide als auch seine Eltern hinterher ganz schön, dass er so mutig gewesen sei. Malik weiß noch heute, wie doll sein Herz in der Brust gehämmert hatte vor lauter Aufregung. Am Ende konnte das Auto leider nicht reparieren werden und sie mussten mit einem anderen Wagen weiterfahren. Der hatte zur besseren Sicht bei der Safari nicht einmal Glasscheiben, sondern einfach große Lücken an den Seiten. Als sie dann nur fünf Meter entfernt von einem fressenden Junglöwen anhielten, um Fotos zu machen, hatte Malik erneut der Atem gestockt. Aber der Löwe hatte sich zum Glück überhaupt nicht für sie interessiert. Nach fünf Minuten, als er satt war, lief er einfach los und verschwand im wogenden Gras. Schon nach wenigen Metern war nichts mehr von ihm zu sehen. Da war Malik erst richtig klar geworden, wie gefährlich die Sache mit dem Ausschauhalten gewesen war.

Als Malik seinen Aufsatz am nächsten Tag in der Schule vorliest, ruft Linus hinterher sofort:
„Das glaube ich nicht, das ist gar nicht wahr, das hast du dir alles nur ausgedacht."
Und Ben fügt hämisch hinzu:
„Der schaut noch nicht mal Filme für Sechsjährige."
Aber Malik, der sich so was schon dachte, hat Fotos dabei, die Mama mit ihrem Handy gemacht hatte, als sie auf dem Dach standen. Man sieht die aufgeklappte Motorhaube des kaputten Wagens darauf und Guide Gabriel, der die Lage fachmännisch erkundet. Man kann

bräunliches, vom Wind gebeuteltes hohes Gras und Mamas und Maliks Schuhe auf dem Foto erkennen. Und zum Glück keine Löwen. Da werden alle total still. „Ganz schön mutig", sagt Emma, „ich habe nur den Sprung vom Dreier beschrieben."

Dann lesen auch ein paar andere vor. Ben von einer Nachtwanderung im Wald. Lea hat aufgeschrieben, wie es war, als ihr Vater ins Krankenhaus kam und sie im Krankenwagen mitgefahren ist. Jasina erzählt die Geschichte von ihrem verlorenen Kuscheltier und sie berichtet auch, wie oft sie auf ihrer Flucht aus Syrien lange Strecken laufen und sich vor irgendwem verstecken mussten. Vor wem, ist Malik nicht wirklich klar. Jasina sagt, sie wisse es auch nicht so ganz genau. Am Ende sagt sie, dass sie Syrien vermisse, auch wenn sie froh sei, hier zu sein. Es sei so schön in Syrien. Ihre Stimme ist so leise, dass die anderen sie kaum verstehen können.

Nach der Deutschstunde merkt Malik, dass er Fernweh nach Kenia bekommen hat. Er sehnt sich nach der

Wärme, der samtigen Luft, die nach offenem Feuer riecht, dem Meer und den Palmen. Und vor allem nach seiner Oma und den ganzen anderen Verwandten. „Inzwischen", denkt er, „kann ich ja sogar ein bisschen Englisch und mich viel besser mit allen unterhalten." Malik nimmt sich fest vor, seine Eltern zu fragen, wann sie endlich einmal wieder nach Kenia fahren können. Obwohl ihn dort keiner dafür bewundert, auf einem Dach gestanden und nach Löwen Ausschau gehalten zu haben.

Als sich Malik auf den Heimweg machen will, kommt Ben bei den Fahrradständern auf ihn zu. Statt noch einmal nachzusetzen mit der Stänkerei, entschuldigt er sich bei ihm. Er sagt, ihm sei aufgefallen, dass niemand aufgeschrieben habe, wie viel Mut man fürs Fernsehen brauche. Und dass ihm selbst jetzt auch erst wieder eingefallen sei, dass Malik Bens kleinen Bruder Mika mal vor ein paar fremden Jungs verteidigt habe. „Macht ja nichts, wenn du die Filme, die wir bei Pepe schauen, schon kennst. Hauptsache, du kommst", sagt Ben noch, bevor er losradelt.

Kapitel 7: Sehnsucht nach Kenia

„Die Schule besteht eigentlich nur aus Ferien", sagt Malik in der großen Pause, als sie sich darüber unterhalten, dass bald schon wieder Osterferien sind und wo jeder hinfährt. Das mit den Ferien behauptet Maliks Oma, die Mama von Mama, immer. Er sagt das eigentlich nur, weil er bisher noch gar nichts zu dem Gespräch beitragen konnte. Sie fahren nämlich nicht weg in diesen Ferien. Malik wird zwar ein paar Tage bei Oma verbringen, aber für die anderen geht es nach Mallorca, Italien oder sonstwohin. Charlie fliegt sogar nach Südafrika. Da kommt sein Papa her und sie besuchen Charlies Verwandtschaft. Darüber haben sie auch schon im Unterricht gesprochen. Ihr Lehrer hatte nämlich gefragt, wer was in den Ferien vorhabe.

Da hat Malik dann nicht nur erfahren, dass fast alle an schicke Orte verreisen, sondern auch, dass Charlie einen südafrikanischen Pass hat. Charlie hat erzählt, dass sie in eine Stadt namens Kapstadt fliegen. Und dass er kein Visum brauche, weil er ja Südafrikaner

sei. Malik hat daraufhin laut gelacht und sich sofort gemeldet:
„Charlie kann kein Afrikaner sein", hat er gesagt. Und wissend dazu genickt.
„Kann ich wohl", hat Charlie da entrüstet ausgerufen.
„Dann sag doch mal was auf Suaheli", hat Malik ihn aufgefordert.
„Das kann ich nicht. Ich bin aber trotzdem Afrikaner", hat Charlie da geschrien.
Der Lehrer hat Charlie gefragt, ob er die südafrikanische Staatsbürgerschaft habe. Charlie hat „Ja" gesagt und noch einmal versichert, dass er ja einen Pass habe.
„Dann stimmt es", hat der Lehrer abschließend gesagt.
Malik hat sich dann nochmal gemeldet und ziemlich verunsichert gesagt:
„Aber Charlie ist doch weiß!"
Sie haben dann im Unterricht lange darüber gesprochen, dass man mit jeder Hautfarbe zu jedem Land gehören könne. Malik selbst sei dafür doch ein gutes Beispiel. Er sei ja schließlich auch schwarz und habe die deutsche Staatsbürgerschaft, hat der Lehrer gesagt.

„Aber ich bin nicht nur deutsch, ich bin auch Kenianer!", hat Malik aufgebracht gerufen.
Das ginge durchaus, hat der Lehrer gesagt. Vermutlich habe Malik dann, wie relativ viele Kinder, zwei Staatsbürgerschaften.

In der Pause wählt Malik Charlie zum ersten Mal in seine Fußballmannschaft. Charlie spielt zwar nicht besonders gut, aber wenn sie beide Afrikaner sind, können sie ja auch zusammenhalten, beschließt Malik. Charlie erzählt in der Halbzeit, dass man in Südafrika gar kein Suaheli spricht. Das hat Malik nicht gewusst.

Als Malik nach Hause kommt, wirft er seinen Rucksack in die Ecke. Schlechtgelaunt sagt er zu Papa, dass es total ungerecht sei, dass sie nicht „richtig" wegfahren in den Ferien. Er wolle auch mal wieder nach Kenia und könne sich kaum noch richtig an die letzte Reise dorthin erinnern.
Papa schlägt vor, dass sie sich gemeinsam am Computer die Bilder der Reise anschauen. Malik ist begeistert. Über eine Stunde lang klicken sie sich durch

Aufnahmen vom strahlend blauen Indischen Ozean, beschauen die Gesichter von Maliks Cousins und Tanten. Und dann auch das von Oma.
Als Malik seine Oma ansieht, wird ihm ganz warm. Er hat sie zwar zuletzt vor mehreren Jahren gesehen, aber sie telefonieren fast jede Woche miteinander. Eigentlich telefoniert Papa mit ihr und Malik geht kurz ran. Mit ihrer ziemlich tiefen Stimme fragt Oma immer auf Deutsch, wie es Malik geht. Dann wechselt sie ins Suaheli. Da versteht Malik dann nicht alles. Nur, dass sie ihn echt liebhat und vermisst. Ganz genau wie er sie.

Maliks Eltern merken, dass ihr Sohn so starke Sehnsucht nach Kenia und seiner Oma bekommen hat. Sie nehmen Malik in den Arm und sagen ihm, dass ihr gespartes Geld wahrscheinlich tatsächlich ausreicht, um in den Sommerferien nach Kenia zu fliegen. Und dass es sei schon länger ihr Plan gewesen sei. Sie hätten nur auch sicher sein wollen, dass es klappt, bevor sie es ihm sagen. Da wird Malik ganz leicht innerlich und in seinem Bauch fängt es an, freudig zu rumoren.

Gerade, als er sie vor Freude anspringen und umarmen will, klingelt es an der Haustür.

„Wer kann das denn so spät noch sein?“, fragt Mama.

Malik saust an die Sprechanlage. Ein Paketbote meldet sich:

„Päckchen für Mertens.“

Malik ruft: „Dritter Stock im Vorderhaus“, öffnet die Tür und stellt sich in den Flur, um den Boten in Empfang zu nehmen. Kater Kosmo schleicht in den Gang und streicht um Maliks Beine.

Ein Mann mit blauer Kappe und blauer Jacke kommt schwer atmend mit mehreren Paketen das Treppenhaus heraufgepoltert. Als er Malik vor der Wohnungstür im dritten Stock stehen sieht, wirkt er irritiert.

„Du bist ja schwarz“, sagt er verblüfft.

„Nein“, sagt Malik. „Ich bin Mertens. Frau Schwarz wohnt hier drüben.“

Malik zeigt auf die Tür gegenüber.

„Wir können aber ein Paket annehmen für sie. Das machen wir öfter.“

Der Paketbote, der gar nicht schaut, wohin Malik zeigt, sieht ihn forschend an und sagt dann etwas zögerlich:

„Nein, ich meinte, dass ich überrascht bin, dass du schwarze Haut hast. Das hätte ich über die Sprechanlage nie gedacht."

Jetzt schaut Malik irritiert:

„Wie soll man denn hören, welche Hautfarbe jemand hat?", fragt er. „Außerdem bin hier nicht ich schwarz, sondern Kosmo."

„Kosmo?", fragt der Paketbote, jetzt endgültig aus dem Konzept gebracht.

Inzwischen hat Frau Schwarz ihre Wohnungstür auch geöffnet.

Malik sagt:

„Frau Schwarz ist ja doch da."

Der Paketbote, der auf seinem kleinen Computer herumtippt und die Nachbarin gar nicht gesehen hat, schaut jetzt den kleinen Kater an. Er scheint nicht den allerbesten Tag zu haben, denn er ist immer noch durcheinander.

„Die Katze heißt Frau Schwarz?", fragt er zögerlich und mit hilfesuchendem Unterton. Da kriegen Malik und Frau Schwarz einen Lachanfall, in den sogar der Paketbote schließlich mit einstimmt.

Auch Mama und Papa kommen zur Tür und alle kringeln sich eine Weile vor Lachen. Am Ende, als der Paketbote die Pakete an sie und Frau Schwarz losgeworden ist, fragt er mit einem Fuß auf der Treppe noch einmal nach:

„Warum hast du vorhin gesagt, du seist nicht schwarz?“

„Erstens bin ich nicht der Sohn von Frau Schwarz. Und dann natürlich, weil meine Haut ja eindeutig nicht schwarz, sondern braun ist“, sagt Malik lässig.

„Stimmt eigentlich“, murmelt der leicht verstörte Mann und winkt zum Abschied. „Aber es ist doch korrekt, schwarz zu sagen, oder?“, fragt er.

Im selben Moment, als Malik „Nein“ murmelt, sagt Papa „Ja“.

Kapitel 8: Maliks Freunde - wen er retten würde

Als Ben Malik am nächsten Tag nach der Schule besucht, spielen sie Floßfahrt. Aus einer Matratze, vielen Decken und alten Hockey-Schlägern von Papa haben sie sich ein Floß samt Rudern gebaut. Als Steuerrad muss Maliks großer Globus herhalten. Er geht auch als Navigationsgerät durch.

Es gab eine Flut, denken sie sich aus, und sie können sich und jeweils ein paar Leute auf eine Insel retten. Jeder soll sich fünf Freunde aussuchen, die mit auf

das Floß dürfen, bestimmt Ben. Keiner mehr. Sonst kentert das Floß. Malik schlägt vor, dass jeder von ihnen eine Liste schreibt mit den Freunden, die mitkommen sollen. Nun sitzt Malik da und hat als erstes „Robert" aufgeschrieben. Robert wohnt zwar in einer ganz anderen Stadt, ist aber trotzdem Maliks bester Freund. Genau wie Maliks Papa kommt auch der Papa von Robert aus Kenia. Sie haben sich sogar dort kennengelernt und seither immer Kontakt gehalten. Robert ist für Malik absolut unverzichtbar. Wenn einer gerettet werden muss, dann er.
Danach wird's schon schwieriger. Wenn er die restliche Schulbande auf das Floß packt, kann er sonst niemanden mehr retten. Außerdem nimmt Ben die anderen bestimmt schon mit. Dann sind sie ja dabei.

Malik überlegt, ob er vielleicht Matti, seinen Freund aus dem Nachbarhaus, mitnehmen soll. Matti bleibt immer ruhig und freundlich. Außerdem hat er nur ganz selten Angst. Dafür langweilt sich Malik manchmal mit ihm. Trotzdem soll Matti nicht zurückgelassen werden, denkt Malik, und schreibt Mattis Namen unter den von Robert.

Überhaupt niemals nie langweilig ist es mit Klara, fällt Malik da ein. Klara ist die Tochter von Mamas Studienfreundin. Sie fahren manchmal zusammen in Urlaub oder treffen sich am Wochenende einfach so. Auf diese Zeit freut sich Malik immer schon lange vorher. Klara mit ihren langen blonden Zausellocken ist nämlich echt lustig. Frech ist sie auch, und überhaupt ziemlich stark. Meistens vergisst Malik, dass Klara ein Mädchen ist.
Klara muss also unbedingt auf die Liste. Sie macht zwar manchmal unvorhersehbare Dinge, aber dafür werden sie sich bestimmt immer mal wieder die Bäuche halten können vor Lachen.

Jetzt hat Malik noch zwei Plätze zu vergeben.
„Was ist mit den Eltern?", ruft er hinüber zu Ben, der gerade etwas von seiner Liste wegradiert.
„Machen nicht mit", bestimmt der resolut.
Malik denkt also als nächstes über seine Freunde vom Fußballverein nach. Die gehen aber irgendwie nur als Mannschaft und das wären definitiv zu viele. Na gut, sagt er sich. Er könnte Charlie mitnehmen. Der ist

auch Afrikaner. Weil er schon so oft verreist war mit seinen Eltern, kennt er sich bestimmt gut aus in der Welt. Schließlich muss die rettende Insel ja auch noch irgendwie gefunden werden.
Krakelig schreibt Malik „Charlie" auf seine Liste.
Robert, Matti, Klara und Charlie sind bisher seine Mannschaft. Das haut gut hin, denkt er.

Jetzt hat er noch einen letzten Platz.
Beim Kindergeburtstag, fällt ihm ein, soll er nie nur ein einziges Mädchen einladen. Vielleicht gilt das ja auch für Rettungsboote. Bestimmt sogar. Sie würden schließlich wochen-, wenn nicht sogar monatelang unterwegs sein. Das wäre schon blöd für Klara - so ganz allein unter Jungs.
Ein zweites Mädchen muss also her.
Wer könnte das nur sein?
Lara aus dem Hinterhaus fällt Malik ein. Aber da sie kaum „Hallo" sagt, will sie sicher auch nicht auf ein klitzekleines Floß mit ihm und seinen Freunden.
Es müsste ein Mädchen sein, das bereit ist, mit anzupacken. Eines, das weiß, wie wichtig es ist, mit

vereinten Kräften die rettende Insel zu erreichen. Und bei dem Gedanken weiß Malik sofort, wer unbedingt noch mit ins Boot muss: Jasina aus seiner Klasse natürlich! Sie ist schon einmal wirklich auf der Flucht gewesen und weiß bestimmt, was zu tun ist. Zwar spricht Jasina immer sehr leise und ist überhaupt ziemlich leicht zu übersehen, aber Klara wird sie schon aus der Reserve locken.
Malik nimmt sich vor, Jasina zu versprechen, gemeinsam mit ihr auf ihr Kuscheltier aufzupassen. Damit sie es nicht noch einmal verliert.
Überhaupt – beim Stichwort Kuscheltiere kommt Malik eine wichtige Idee:
„Jeder darf einen Rucksack Gepäck mitnehmen", bestimmt er. Ben nickt und radiert schon wieder.

Gut, dass Malik schon einen Notfall-Rucksack gepackt hat. Jetzt, wo es wirklich bald losgeht, muss er nur noch Gummibärchen und Schokolade einstecken. Aus der Obstschale holt er Bananen, Äpfel und aus dem Küchenschrank Kekse. Mamas kleinen Regenschirm pflückt er auch noch von der Garderobe. Vielleicht

sollte er vorsichtshalber den Arztkoffer einpacken, mit dem er schon jahrelang nicht mehr gespielt hat. Mütze und Schal hingegen können raus, es wird ja jetzt bald Sommer.
Malik hievt alles auf die Bootsmatratze. Ben seufzt und rauft sich die Haare. Ihm fällt es offensichtlich schwer, zu entscheiden, wen er mitnehmen soll. Malik ist mit seinen Entscheidungen ziemlich zufrieden. Er stellt sich vor, wie sie übers Wasser treiben und gemeinsam nach Land Ausschau halten.

Da kommt Kosmo ins Kinderzimmer gesprungen.
„Wir haben auch einen Schiffskater, Ben", sagt Malik bestimmt. Denn als Kosmo sich schnurrend an ihm reibt, wird ihm klar, dass er auf gar keinen Fall ohne ihn fahren kann.
„Alles klar", sagt Ben und meint: „Der kann doch die Mäuse wegfangen." Malik verrät Ben lieber nicht, dass Kosmo noch nie eine Maus mitgebracht hat.
Dann erzählen sie sich gegenseitig, wer auf der jeweiligen Liste steht. Tatsächlich hat Ben Linus, Pepe und Enno aus der Schule drauf geschrieben. Außerdem

noch seinen Cousin. Als Malik seine Liste vorliest, wundert sich Ben.
„Wieso nimmst du Jasina mit? Ich dachte, du magst Nala“, sagt er. Und dann sagt er noch: „Sie kommt doch außerdem auch aus Afrika.“
„Ich mag Nala kein bisschen“, gesteht Malik. „Nur, weil sie die gleiche Hautfarbe wie ich hat, muss ich sie doch schließlich nicht mögen“, sagt er leicht beleidigt. „Außerdem komme ich ja gar nicht wirklich aus Afrika, wie du ganz genau weißt. Und wenn überhaupt, dann aus Kenia. Afrika ist nämlich ganz schön groß“, fügt er hinzu. Das sagt er aber nur, weil Nala wirklich nicht sein Fall ist. Sie weiß immer alles besser und versteht keinen Spaß. Schon seit dem Kindergarten kommt aber trotzdem immer mal wieder jemand auf die Idee, ihn mit ihr zu verkuppeln. Das geht Malik ziemlich auf die Nerven.
„Aber Klara ist cool“, sagt Ben da schnell. Denn auf seinem letzten Geburtstag war Klara dabei gewesen. Sie hatte auch den Schatz bei der Schatzsuche gefunden und war fast so schnell gerannt wie Malik. „Vielleicht kann das dann ja sogar mit Jasina hinhauen“, sagt er dann noch gönnerhaft, kurz bevor er los muss.

Kapitel 9: Endlich zurück in Kenia

Im Endeffekt dauert es dann nicht mehr lange und es sind Sommerferien.

In diesem Jahr - es hat wirklich geklappt - fahren Malik und seine Eltern endlich wieder nach Kenia. Sie fahren natürlich nicht mit dem Auto, sondern sie fliegen mit einem riesigen Jumbojet. Denn von Deutschland aus sind das - ja, Malik hat nachgerechnet - mehr als 6.000 Kilometer. Anders als Mama und Papa freut sich Malik sogar schon auf den achtstündigen Flug. Hauptsächlich wegen der Filme im Flugzeug. Er hofft, dass wieder jeder im Flieger einen eigenen Bildschirm hat.

Als sie das letzte Mal nach Kenia geflogen sind, war Malik erst fünf. An viele Dinge dieser Reise kann er sich nicht mehr erinnern - aber an die Sache mit dem Fernseher für jeden schon.

Mama hat versprochen, dass er im Flugzeug so lange Kinderfilme schauen darf, bis er nicht mehr kann. Malik weiß genau, dass sie hofft, dass er dabei einschläft. Aber das wird er nicht. Hat er sich fest vorgenommen.

Wenn sie dann in Kenia sind, muss er sich erst einmal wieder dran gewöhnen, dass ihn alle, aber auch wirklich alle, anfassen wollen. Denn irgendwie berühren sich alle dort ziemlich oft. Und er muss sich auch daran gewöhnen, dass alle, die man weit und breit sieht, ebenfalls braune Haut haben.
Nur Mama nicht. Sie cremt sich dann die ganze Zeit ein, bleibt im Schatten und liest dicke Bücher, obwohl Ferien sind. Während Malik mit Papa und seinen Cousins und Cousinen in den Wellen und am Sandstrand tobt.

Eingecremt wird Malik ebenfalls. Auch wenn die anderen das ein wenig belächeln. Mama hat nämlich gelesen, dass die Sonne auch schwarze Haut krank machen kann – und dass man es nur nicht so leicht sieht. Also cremt sie Malik das Gesicht und die Schultern samt Armen jeden Tag mehrfach ein. Und zwar mit einer Sonnenmilch, die nicht weiß schimmert. Sonst sieht Malik nämlich aus wie schlecht geschminkt. In der Kita gab es damals eine blaue Creme, erinnert sich Malik. Die zog bei weißer Haut ein und war unsichtbar. Aber er sah damit aus wie ein blauer

Schlumpf. Da hatten ihn die anderen ausgelacht und er war beleidigt gewesen. Seither hat er immer seine eigene Sonnenmilch.
„UV-Lichtschutzfaktor 20 reicht bei dir dicke", sagt Mama und massiert die unsichtbare Creme ein.
Zum Glück fühlt sich das gut an, deshalb hält Malik auch still.

Überhaupt ist Mama sehr für Sicherheit. Sie hat Malik, damit sie ihn im Indischen Ozean und am Strand immer gleich wiederfinden kann, extra eine leuchtend orangene Badehose gekauft. Denn beim letzten Mal in Kenia hat Mama ihn einmal sehr lange gesucht zwischen all den anderen Kindern.
„Das bin ich ja überhaupt nicht gewöhnt!", hat Mama am Strand gerufen, nachdem sie ihn gefunden hatte, und ihn erleichtert an sich gedrückt.

In Deutschland ist das sonst anders. Da sind nur ein paar andere braunhäutige Kinder zu sehen und eines davon ist immer Malik. Da kommt Mama eher ins Schwitzen, wenn sie kurz auf einen Freund von ihm aufpassen soll im Schwimmbad, weil dessen Mutter mal aufs Klo geht.

„Alle, wirklich alle, sehen im Wasser gleich aus", stöhnte Mama panisch als sie Linus kurz nicht sah.

Für Malik war das gar kein Problem.

„Da ist Linus doch, schau, der Blonde mit den fuchtelnden Schwimmbewegungen und dem roten Kopf", hatte er ihr gezeigt.

„Alle blond!", hatte Mama nur gemurmelt und war eindeutig erleichtert gewesen, als Linus' Mutter wieder mit am Beckenrand saß und selbst auf ihren Sohn aufpasste.

Im vergangenen Jahr haben sie in Italien Urlaub gemacht. Da war auch kaum einer blond von den Italienern. Aber auch schwarze Kinder gab es wenig. Die meisten allerdings hatten tiefbraune Haare und ebensolche Haut. Auf dem Campingplatz hat Malik dann aber doch meistens mit deutschen und schweizerischen Kindern gespielt. Die hat er einfach besser verstanden. Oft haben sich deren Eltern allerdings erst einmal gewundert:

„Du sprichst aber gut Deutsch", hat die Mutter eines Jungen aus Bayern zu Malik gesagt.

„Klar, was denn sonst?", hat er zurückgefragt und sich etwas gewundert.

Als ihn am selben Tag noch ein weiterer Mann für sein Deutsch gelobt hat, hat er Mama und Papa gefragt, warum die Leute das sagen.

Für viele sei es immer noch ungewohnt, dass man deutsch sein könne und braune Haut habe, hat Papa erklärt.

„Aber die Haut hat doch gar nichts damit zu tun, wer einer ist", hat Malik, der sofort an Charlie aus seiner Schule denken musste, da ausgerufen. Er nahm sich vor, das dem Nächsten zu erklären, der ihn für sein gutes Deutsch lobt.

Als sie diesmal in Kenia ankommen, ist nicht nur Onkel Julius am Flughafen, sondern auch Oma. Auf ihren Stock gestützt steht sie da und strahlt von einem Ohr bis zum anderen. Sie umarmt Malik, als wolle sie ihn nie mehr wieder loslassen. Malik lässt sich von ihr drücken und stellt dabei fest, dass er schon fast so groß ist wie sie. Im selben Moment bemerkt das auch Oma. Lachend schimpft sie, dass sie ihm nicht erlaubt habe, so viel zu wachsen.

Im Auto – Julius fährt, Papa sitzt neben ihm und er, Malik, auf der Rückbank zwischen Mama und Oma – packt Oma die Leckereien aus, die sie mitgebracht hat: Selbstgebackene Chapati-Fladen, die Malik besonders liebt, und Mandazi, süßes Gebäck, das Papa gern mag. Mama nascht überall mit und Malik, dem der Wind durch die offenen Fenster ins Gesicht weht, merkt, wie anders es hier ist als in Deutschland. Alles kommt ihm sanfter, grüner und sonniger vor. Obwohl er auch den Müll bemerkt, der herumliegt.

Leider vergehen die drei Wochen Ferien im Nu. Jeden zweiten Tag fahren sie zum Strand, dazwischen spielt Malik Fußball mit seinen Cousins und Cousinen und den ganzen anderen Kindern im Dorf.

Einmal machen sie sogar, das haben sich Mama und Malik gewünscht, eine kleine Safari. Mit einem gemieteten Geländewagen fahren sie in einen Nationalpark und sehen Bergelefanten, Giraffen, Paviane und jede Menge Böckchen. Die Namen der Antilopen- und Gazellen-Arten können sich weder Malik noch Mama merken und Papa lacht immer, wenn sie einfach „Schau mal, Böckchen!" rufen.

Kurz bevor sie wieder am Ausgang des Parks sind, müssen sie noch eine Vollbremsung hinlegen, weil mitten auf der Straße eine große Schlange liegt.
Onkel Julius ruft, sie sollten schnell alle Fenster hochkurbeln, was sie auf der Stelle tun.
Als die Schlange, die sich mit dem Oberkörper aufgerichtet hat, in den Busch abzieht, erzählt Papa, dass es sich um eine Speikobra gehandelt hat:

„Sie könnte leicht mehrere Meter weit spucken", erklärt Papa. Malik und sein Cousin machen sich darüber lustig, fast von einer Schlange angespuckt worden zu sein. Doch Papa schüttelt ernst den Kopf:
„Diese Kobraart zielt auf die Augen ihrer Opfer. Wenn ihr Gift darin landet, tut das ganz schön weh. Ohne Behandlung wird man möglicherweise sogar blind."

Da vergeht Malik das Lachen.
Ihm sitzt nämlich der Vorfall mit der Spinne ein paar Abende zuvor noch im Nacken. Als Mama da die Terrasse aufgeräumt hat, hat sie nämlich eine handtellergroße Spinne auf dem Boden entdeckt. Ziemlich alarmiert war Mama in die Küche gekommen, wo alle am Tisch saßen und Karten spielten. Onkel Julius und Papa hatten erst gar nicht schauen wollen und nur unkonzentriert gefragt, ob die Spinne denn besonders groß sei und ob sie Haare an den Beinen habe. Als Mama beides nachdrücklich bejaht hatte, waren sie sofort aufgesprungen und hatten nachgeschaut. Mit dem Lichtstrahl einer Taschenlampe hatten die beiden Männer das Tier fixiert und die

Kinder hinzugerufen. Es sei zwar keine Giftspinne, hatte Onkel Julius erklärt, aber sie hätte trotzdem große Zähne, die – falls die Spinne zubeißt – ordentlich weh tun würden.
Danach waren sie reingeschickt worden.
Am nächsten Tag war die Spinne weg.
Barfuß geht Malik seither nicht mehr so gern. Er zieht lieber seine Badelatschen an. Denn die braune Spinne auf braunem Grund hat man wirklich schlecht sehen können.

Auch erinnert ihn der Halt in der Savanne an die Geschichte mit dem kaputten Auto und den Löwen, die zum Glück nicht gekommen waren.
Malik schickt ein schnelles Stoßgebet zum Himmel, damit das Auto diesmal durchhält.

Sonst ist es wirklich wunderbar in den Ferien. Nur einmal gibt es Streit: Ein Obstverkäufer will Mama das Dreifache des normalen Preises für ihren Einkauf berechnen. Schließlich sei sie eine „Muzungu“, eine Weiße. Da wird Mama sauer. In ihrem speziellen Mama-

Suaheli erklärt sie dem Mann, dass das gar nicht gehe und sie in Deutschland nicht jeden Tag für die Gleichbehandlung aller Menschen einstehe, um nun selbst ungerecht behandelt zu werden.
Weil Mamas Suaheli für so viel Aufregung nicht reicht, streut sie immer wieder englische Worte in ihren Vortrag ein. Der Mann am Obststand wird immer kleiner und entschuldigt sich mehrmals.
„Ich dachte, Sie sind Touristin", sagt er.
„Das wäre doch dasselbe!", ruft Mama empört und sagt, sie zahle höchstens die Hälfte des geforderten Preises. Dann feilschen Mama und der Mann noch ein bisschen weiter und einigen sich auf eine Summe, die auch Mama nicht als zu teuer empfindet. Der Mann schenkt Malik, dem der Rummel – einige Leute sind sogar stehengeblieben – ein bisschen peinlich ist, am Ende sogar noch eine Banane.

Erst, als sie nach fast zwei Wochen Urlaub in Kenia Postkarten an ihre Freunde in Deutschland schreiben, fängt Malik an, sich ein bisschen nach zuhause zu sehnen. Er sucht eine Karte mit den „Großen Fünf" –

also Büffel, Elefant, Nashorn, Löwe und Leopard – für Klara aus. Sie mag Tiere nämlich ebenso gern wie er. Für Matti wählt er eine Karte aus, auf der eine Gepardin mit ihren Jungen zu sehen ist.
Dann stellt er sich vor, wie Marco, der Briefträger mit dem großen klirrenden Schlüsselbund, die Schützestraße entlangläuft und die Haustür mit der Hausnummer 7 aufschließt. Wie er durch den Flur geht, der immer ein wenig nach Essigreiniger und altem Hund zugleich riecht, und die Karte bei Möllers in den Briefkasten wirft.
Wenn Matti Möller dann seine Karte aus Afrika hat, wird er sie sicher mit zu Kosmo nehmen. Den füttert er nämlich in den Ferien und macht auch das Katzenklo sauber. Bestimmt wird Matti seine Karte dem Kater zeigen und vorlesen.

„Kosmo …“, denkt Malik.
Sofort fühlt er, wie der samtige Kater jeden Morgen um seine Beine streicht, und hört das etwas anklagende und hungrige „Mau“, wenn Malik nach Hause kommt von der Schule. Er denkt außerdem an sein Zimmer und an

die Ahornbäume, die sich im Wind vor seinem Fenster wiegen. Und schon hat er das schönste Heimweh. Erst gestern hat er zu Mama gesagt, es sei unfair, dass sie ihretwegen in Deutschland leben müssten. Als Lehrerin könne sie in Kenia leider nicht gut arbeiten, hatte sie gesagt.

Jetzt merkt Malik, wie sehr er sein Zuhause vermisst. Matti, Ben, Linus und Pepe. Die Pommesbude an der Ecke, den Bäcker mit den leckeren Gummitieren, seinen Fußballverein. Sogar die Schule vermisst er fast, wenn er es recht überlegt. Zumindest seinen Lehrer. Und Micha, den besonders netten Hort-Erzieher.

Malik rechnet: Neun Tage sind sie noch hier. Das kommt ihm kurz und zugleich unfassbar lang vor.

Kapitel 10: Wieder zuhause

Der Landeanflug ist großartig: Malik kann das Planetarium erkennen, den Fernsehturm und den großen Fußballplatz, auf dem sie mal 11:0 gewonnen haben vor ein paar Jahren. Dann setzt der Flieger auf und Malik reibt sich müde die Augen.
Er durfte drei Filme hintereinander schauen, weil Mama gemerkt hat, dass er vor Aufregung sowieso nicht schlafen kann. Jetzt ist er zwar hundemüde, hat aber fast Schnappatmung vor Ungeduld. Er will nach Hause - und zwar gleich.

Dass sie erst offiziell einreisen müssen und dafür in der Schlange stehen vor den Grenzbeamten, kann Malik gar nicht fassen.
„Wir sind doch hier zuhause, die müssen uns doch einfach reinlassen“, sagt er.
„Das könnte ja jeder sagen“, erwidert Papa.
Endlich haben sie ihr Gepäck und wollen los. Da kommen Zöllner mit ihren Hunden. Obwohl die Hunde gar nicht bei ihnen stehenbleiben oder bellen, soll Papa

mitkommen und seine Gepäckstücke öffnen. Er fasst Mama beruhigend am Arm, als sie seufzend und mit genervter Stimme „Nicht das schon wieder“ sagt.
Als Papa mit dem großen gemeinsamen Koffer mit den beiden uniformierten Beamten loszieht, dreht er sich noch einmal um und lächelt Malik und Mama zu.

Als Malik Mama fragt, warum sie gestöhnt habe, erklärt sie, dass Papa oft kontrolliert werde. Er habe aber natürlich nie etwas Unerlaubtes dabei, deshalb gehe es bestimmt schnell.
„Die großen Muscheln und den Elefanten aus Elfenbein haben wir ja zum Glück wieder aus unserem Gepäck geräumt“, grinst Mama.

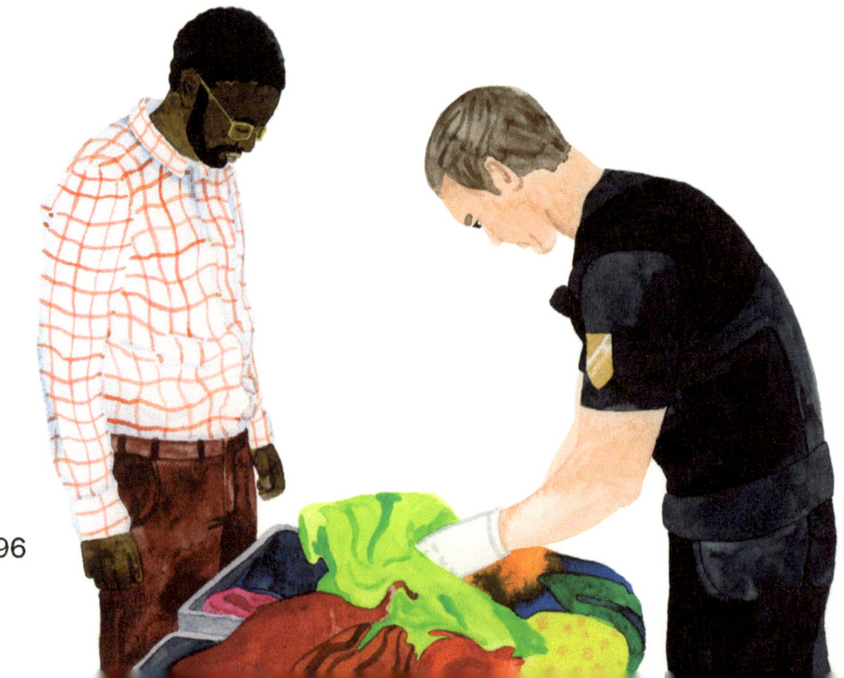

Denn tatsächlich ist es nicht erlaubt, solche Mitbringsel aus Kenia mitzunehmen.
Malik findet das schade. Nicht wegen des Elefanten aus Elfenbein, den ein Standverkäufer ihm unbedingt hatte schenken wollen. Den wollte Malik gar nicht haben. Obwohl er gar nicht gewusst hatte, dass es Elfenbein war. Aber die beiden riesigen Muscheln, die er am Strand gefunden hatte, die hätte er schon gerne herumgezeigt.
Stattdessen haben sie ein aus einer Kokosnuss geschnitztes Vogelhaus dabei, Massai-Armbänder und jede Menge bunter Tücher.
Es dauert dann doch gefühlt Stunden, bis Papa wieder da ist. Achselzuckend sagt er und zwinkert dabei mit einem Auge:
„Jetzt ist endgültig alles durcheinander im Koffer."
Und dann können sie endlich nach Hause fahren.

Als sie die Wohnungstür aufschließen, kommt ihnen Kosmo entgegengesprungen.
Klara hatte Malik erzählt, dass ihre Katze immer beleidigt sei und sie ein paar Tage lang ignorieren

würde, wenn sie aus dem Urlaub zurückkämen. Das sei typisch für Katzen, sagte sie.
Kurz hatte Malik deshalb Sorge, es könne ihm jetzt auch so ergehen.
Doch für Kosmo gilt das nicht: Fröhlich maunzt und hüpft er aufgeregt zwischen ihren Beinen herum. Er freut sich eindeutig, dass sie wieder da sind.
Außerdem beriecht er ihr ganzes Gepäck. Sobald sich einer von ihnen hinsetzt, klettert der gar nicht mehr so kleine Kater demjenigen auf den Schoß.

Schließlich nimmt Malik seinen Kater auf den Arm.
Kosmo schnurrt ausgiebig und drückt sich an ihn.
Keinen Schritt kann Malik den Rest des Tages mehr tun, ohne dass der Kater ihm am Bein klebt. Das ist lustig, führt aber auch zu einigen Problemen.
Als Malik sich einen Joghurt aus dem Kühlschrank holt, hat er natürlich vergessen, dass der Kater genau hinter ihm sitzt. Er stolpert über ihn und lässt prompt den Joghurt fallen.
Der zerplatzt auf dem Küchenboden, Mama meckert, und Kosmo fängt an, die Pfütze aufzuschlecken.

Irgendwie ist alles ziemlich chaotisch: Auf dem Herd kocht das Nudelwasser über, die Waschmaschine signalisiert mit einem Piepton, dass sie fertig ist, und Papa sitzt schimpfend mit dem Werkzeugkasten im Flur. Dort kämpft er mit dem Kofferschloss von Mamas Koffer.

Mittenrein platzt plötzlich Maliks Freund Matti. Er will den Kater füttern und hat offensichtlich total vergessen, dass sie heute zurückkommen. Mit seinem – genauer gesagt mit Maliks – Schlüssel schließt er auf und steht verdattert in der Wohnung. Ein frischer Sonnenbrand leuchtet von seiner sommersprossigen Nase. Matti braucht – anders als Kosmo vorher – einen kurzen Moment, um sich wieder zu fangen.
Dann strahlt er.
Malik strahlt auch.
„Kommst Du nach dem Essen mit auf den Fußballplatz?", fragt er Malik.
So, als wäre Malik nie weggewesen.
„Logo", sagt Malik und schlüpft schon während sie noch darüber reden in seine Fußballsachen.

Am Abend telefoniert Malik über den Computer mit seinem Freund Robert. Der ist am Abend zuvor mit seinen Eltern aus Italien zurückgekommen. Sie waren zelten auf der Insel Sardinien.
Aber darüber sprechen sie erstmal gar nicht. Am Bildschirm schneiden sie sich gegenseitig Grimassen, erzählen sich Witze und Robert fragt dann:
„Wie war's in Kenia?"
„Gut", antwortet Malik.
Genau wie zu Mama nach der Schule.
War's ja auch.
„Aber ich bin auch froh, wieder zuhause zu sein", sagt er dann.

Schließlich schicken sie sich Fotos hin und her und stellen fest, dass das Mittelmeer in Italien fast – aber nur fast – an die türkisblaue Farbgebung des Indischen Ozeans herankommt.

Papa, Mama und ich: Da waren wir alle im Sommer in Kenia am Strand.

Anhang

Achtsam gegen Alltagsrassismus – Unterrichtsideen mit „Klar bin ich von hier!"

Viele von uns sind der Meinung, die Zeit des Denkens in Rassen sei längst überwunden. Dabei lauern Rassismus und ausgrenzendes Verhalten noch heute überall im Alltag. Denn es geht nicht nur um anderes Aussehen, sondern ganz allgemein um die Konstruktion von „Wir" gegen die „anderen", die bereits früh beginnt. Problematisch wird das dann, wenn zum „Wir" bestimmte Privilegien gehören, von denen die „anderen" ausgeschlossen sind. Denn das überdeckt die Chancen, die für alle durch gemeinsame Lebenslagen, Interessen und Wünsche möglich wären.

Rassistisches Verhalten oder Denkweisen finden sich – häufig unbewusst – auch in der Mitte der Gesellschaft. Und auch bei vielen Kindern. Denn Rassenkonstruktionen gehören zum täglichen Leben und werden durch Alltagskultur verstärkt und

gefestigt, zum Beispiel in Liedern, Witzen, Literatur und Filmen. Auch wenn Menschen aufgrund ihrer Herkunft in Alltagssituationen bestimmte Eigenschaften zugeschrieben werden, ist das rassistisch – egal ob positiv oder negativ gemeint.
Die Ungleichbehandlung setzt sich fort, wenn Menschen mit anderer Herkunft, anderer Religion, anderem Aussehen usw. diskriminiert werden. Das geschieht oft subtil, durch eine besondere Behandlung. Oft passiert das nicht nur durch einzelne Personen, sondern ist institutionell bedingt.

Deshalb ist es gerade in der Schule eine wichtige Aufgabe, Alltagsrassismus erkennbar zu machen und für Rassismen zu sensibilisieren.
Das Buch „Klar bin ich von hier!“ kann dafür ein passendes Unterrichtsmaterial sein. Maliks Erlebnisse zeigen – eingebettet in die Geschichte – vielfältige Formen von Alltagsrassismus, unterschiedliche Perspektiven und Reaktionsmöglichkeiten.

Die Geschichte von Malik lädt dazu ein, sich unter anderem mit folgenden **Szenarien** auseinanderzusetzen:

- **Ausgrenzung wegen des Aussehens** (krause Haare, dunkle Haut) – Kapitel 2
- **ungefragtes Angefasstwerden / Übergriffigkeit** – Kapitel 4
- **Frage nach der Herkunft und Unglauben angesichts der Antwort** „von hier" – Kapitel 4
- **Rassismen in Kinderbüchern** (Pippi Langstrumpf) – Kapitel 4
- **Flucht und Migration / Sich-nicht-zu-Hause-Fühlen** – Kapitel 5
- **Ziel blöder Sprüche sein** – Kapitel 5
- **Gruppenbildung nach rassischen Gesichtspunkten** – Kapitel 8
- **Grenzkontrolle aufgrund der Hautfarbe** – Kapitel 10

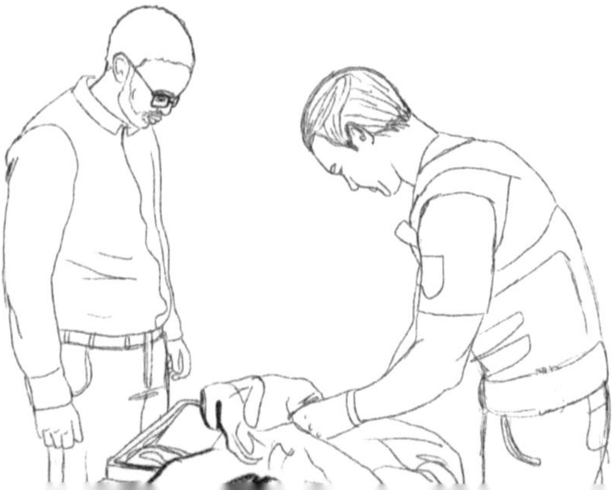

Um die erwähnten Themen kann es gehen, indem:

- beim **Vorlesen nach jedem Teil eine Pause** für ein Gespräch gemacht wird. Dabei können zentrale Erlebnisse von Malik, die mit Alltagsrassismus und Diskriminierung, aber auch mit Diversität zu tun haben, thematisiert werden.

- die **Kinder Buchsituationen malen** und so ins Gespräch kommen. Durch einen Gallery Walk, in dem alle Bilder gezeigt werden, erfahren sie die unterschiedliche Wahrnehmungen der Buchthemen.

- in einem **Rollenspiel Ausgrenzungsprozesse thematisiert** werden (so ähnlich wie in der Situation, als Pepe Malik nicht mitspielen lassen will wegen seiner Hautfarbe). Dieses Vorgehen kann aufzeigen, wie Distanzierung („Othering“) funktioniert.

- die Kinder gemeinsam ein **Plakat mit Handabdrücken** erzeugen und feststellen, dass man Unterschiede nach Herkunft an diesen nicht erkennen kann.

- der Unterricht thematisiert, dass **Menschen aus Afrika nicht „Afrikaner" sind**, sondern dass es sich um einen Kontinent mit Dutzenden Ländern handelt (ebenso wie Europa). Ausgangspunkt können die Wurzeln von Malik in Kenia und von Charlie in Südafrika sein.

- Geschichtsunterricht auch die **Geschichte Afrikas und afrodeutsche Geschichte** behandelt, mit Malik am Beispiel Kenias.

- jede*r überlegt, was an ihm/ihr **besonders oder anders** ist als bei allen anderen.

- die Kinder für sich ein **„Starke Kinder-ABC"** entwickeln. Dabei schreiben alle Kinder ihre eigenen Stärken von A bis Z auf, um ihre Stärken für sich und in der Gruppe weiter zu entwickeln.

Notizen

Rezepte aus Maliks Heimat Kenia

Chapati-Rezept

Diese ursprünglich aus Indien stammenden Fladenbrote werden überall in Ostafrika gebacken und schmecken ganz besonders köstlich, wenn sie noch warm sind.

Zutaten:

1 Tasse Mehl

1 EL Pflanzenöl

Ca. 1/2 Tasse Wasser

1 Prise Salz

Zubereitung:

Mehl, Salz und Öl vermischen. Wasser nach und nach unter Kneten beigeben. Etwa zehn Minuten kneten, bis sich ein fester, aber glatter Teig bildet. Anschließend den Teig für mindestens eine halbe Stunde kalt stellen.

Dann eigroße Mengen zu einem Ball kneten und mit etwas Mehl zu dünnen, kreisförmigen Fladen ausrollen. Pfanne erhitzen und mit Öl leicht einfetten. Das erste

Chapati ca. eine Minute erhitzen, bis es leicht braun wird, dann wenden.

Fertige Chapatis auf einem warmen Teller oder im Ofen warm stellen bis alle Chapatis fertig sind.

Mandazi-Rezept

Mandazi sind eine Art Krapfen

Zutaten:

2 Tassen Mehl

2 Esslöffel Zucker

1 Teelöffel Backpulver

Ca. 1 Tasse Wasser

Ca. 0,5 Liter Öl zum Frittieren

Zubereitung:

Mehl, Zucker und Backpulver in einer Schüssel vermengen. Wasser nach und nach hinzugeben, bis ein glatter Teig entsteht. Diesen eine halbe Stunde ruhen lassen.

Den Teig dann in vier gleichgroße Teile teilen. Anschließend jede der entstandenen Kugeln einzeln ausrollen, sodass sie die Dicke eines Bleistiftes haben. Die Teigflächen mit einem Messer in vier Kuchenstücke schneiden und wiederum ruhen lassen.

Einen Topf gut mit Öl füllen und sehr heiß werden lassen. Dann die Teigstückche in den Topf geben und mit einer Gabel immer wieder drehen, bis sie eine hellgelbe Farbe bekommen. Mit dem Schaumlöffel aus dem Topf holen, abtropfen und etwas abkühlen lassen, servieren.

Guten Appetit!

Autorin und Illustratorin

Sabine Priess, Jahrgang 1972, ist geboren und aufgewachsen in der Nähe von Mainz. Sie arbeitet als Redakteurin beim Rundfunk Berlin-Brandenburg und lebt mit Mann, Kind und Kater in Berlin. „Klar bin ich von hier!" ist ihr erstes Kinderbuch – es ist gemeinsam mit ihrem Sohn entstanden, der ostafrikanische Wurzeln hat.

Hélène Baum, Jahrgang 1987, ist in München geboren, aber sowohl in Deutschland als auch in England und Frankreich aufgewachsen. Sie arbeitet als selbstständige Illustratorin und Grafikerin in Berlin.

Empfehlungen vom Verlag edition riedenburg • editionriedenburg.at

Hey Darmzotte!

Jugendroman zur Zöliakie,
Empfohlen von der Deutschen
Gesellschaft für Zöliakie e.V.

Text und Illustrationen: Verena Herleth

Carina ist an Zöliakie erkrankt und wird von ihren Eltern auf Kur geschickt. Wie gut, dass Carinas Tagebuch Paulchen keine Geheimnisse ausquatscht.
Auch nicht die Sache mit Maxin, dem netten Jungen aus der Gruppe ...

Was brauchst du?

Mit der Giraffensprache und Gewaltfreier Kommunikation Konflikte kindgerecht lösen.

Text: Sigrun Eder und Hanna Grubhofer,
Illustrationen: Barbara Weingartshofer

Stark gegen Gewalt

Erkenne eskalierende Konflikte und handle sebstbewusst, um Gewalt rasch zu stoppen.

Text: Sigrun Eder und Hannah-Marie Heine,
Illustrationen: Evi Gasser

Ilvy schläft gut

Besser schlafen mit den praktischen Tipps aus diesem Kindersachbuch.

Text: Kerstin Hödlmoser und Sigrun Eder,
Illustrationen: Nicole Schäufler